12 인지행동치료
스펙트럼 시리즈 | COGNITIVE
BEHAVIOR
THERAPIES

수준체계치료

인지행동치료 스펙트럼 시리즈 ▌COGNITIVE BEHAVIOR THERAPIES 12

수준체계치료

Warren Mansell · Timothy A. Carey · Sara J. Tai 공저 ▌정지현 역

학지사

—
발간사

　인지행동치료(cognitive behavior therapies)는 견고한 이론적 기반과 풍성한 치료적 전략을 갖추고 있는 과학적으로 검증된 심리치료 체계다. 이론적으로 인지행동치료는 비록 모든 사람이 타당성이 결여된 비논리적인 생각 혹은 유용성이 부족한 부적응적인 생각을 품을 때가 있지만, 특히 심리장애를 지니고 있는 내담자의 경우에는 왜곡된 자동적 사고가 그에 뒤따르는 감정과 행동 및 대인관계에 미치는 역기능이 현저하기 때문에 문제가 된다고 가정한다. 치료적으로 인지행동치료는 구체적인 문제 분석, 지속적인 자기관찰, 객관적인 현실 검증, 구조화된 기술 훈련 등을 통해 내담자가 자신의 마음을 바라보고 따져 보고 바꾸고 다지도록 안내하는 일련의 과정으로 진행된다. 인지행동치료자는 내담자가 구성한 주관적 현실을 검증해 볼 만한 하나의 가설로 받아들인 뒤, 협력적 경험주의에 근거하여 내담자와 함께 그 가설의 타당성과 유용성을 검토하는 정교한 작업을 수행한다.

인지행동치료는 발전을 거듭하고 있다. 인지행동치료는 정신
병리의 발생 원인과 개입 방향을 전반적으로 설명하는 총론뿐만
아니라 심리장애의 하위 유형에 따라서 구체적으로 변용하는 각
론을 제공하기 때문에 임상적 적응증이 광범위하다. 아울러 인
지의 구조를 세분화하여 자동적 사고 수준, 역기능적 도식 수준,
상위인지 수준에서 차별적으로 개입할 수 있는 위계적 조망을
제시하기 때문에 임상적 실용성이 향상되었다. 또한 변화와 수
용의 변증법적 긴장과 균형을 강조하는 현대 심리치료의 흐름을
반영하는 혁신적 관점을 채택하기 때문에 임상적 유연성이 확보
되었다. 다만 이렇게 진화하는 과정에서 인지행동치료를 협의가
아닌 광의로 정의할 필요가 발생했는데, 이것이 서두에서 인지
행동치료의 영문명을 단수가 아닌 복수로 표기한 까닭이다. 요
컨대, 현재 시점에서 인지행동치료를 제대로 정의하기 위해서는
내용과 맥락이 모두 확장된 스펙트럼으로 간주하는 것이 바람직
하다.

이번에 출간하는 인지행동치료 스펙트럼 시리즈는 전술한 흐
름을 적절히 반영하고 있다. 독자 입장에서는 인지행동치료
의 대명사인 Beck(인지치료)과 Ellis(합리적 정서행동치료)의 모

형, 성격장애 치료에 적합하게 변형된 Young(심리도식치료)과 Linehan(변증법적 행동치료)의 모형, 제3세대 인지행동치료로 불리는 Hayes(수용전념치료)의 모형 등의 공통점과 차이점을 이론적 및 실제적 측면에서 세밀하게 조명할 수 있는 기회가 될 것이다. 아울러 메타인지치료, 기능분석치료, 행동활성화치료, 자비중심치료, 마음챙김 인지치료, 구성주의치료 등 각각이 더 강조하고 있거나 덜 주목하고 있는 영역을 변별함으로써 임상 장면에서 만나는 다양한 내담자에게 가장 유익한 관점과 전략을 채택하는 데 도움이 되리라 여긴다. "Beck은 현실에 맞도록 이론을 변화시키려는 경향이 강했다."라는 동료들의 전언이 사실이고, 인지행동치료의 기본 전제를 수용하면서 통합적 개입을 추구하는 심리치료자라면 인지행동치료 스펙트럼 시리즈에 관심을 보일 만하다.

인지행동치료 스펙트럼 시리즈 역자 대표
유성진

—
역자 서문

　인지행동치료 스펙트럼 시리즈의 열두 번째 권인 이 책을 통해 Method of Levels Therapy를 처음 접한 역자는 번역을 통해 그 내용을 얼마나 충실히 독자들에게 전달할 수 있을지에 대한 염려가 많았다. 이 책의 원제는 『A Transdiagnostic Approach to CBT using Method of Levels Therapy』이다. 어떤 책이든 제목이 그 내용을 함축적으로 담고 있으며 또 그래야 한다는 관점에서, 게다가 우리나라에 처음 소개되는 접근인 만큼 책의 제목을 번역하는 것조차 쉽지 않았다. 이 치료에서 가장 핵심적인 요소로 간주하는 것이 지각, 목표나 내적 기준과의 비교, 행동이라는 세 요소로 이루어진 통제체계이며, 통제체계가 여러 가지 수준을 가진 위계로 구성되어 있다고 보기 때문에 Method of Levels Therapy라는 이름을 수준체계치료라고 번역하였다.

　인지행동치료에서 각 장애마다 독특한 사고패턴이나 행동적 원인을 밝히며 이에 따른 개입방법을 제시하고 있는 것과 달리이 접근은 범진단적이다. 증상 자체를 문제로 보지 않고 증상 보다는 심리적 고통을 중요시하며, 심리적 고통은 목표 간의 갈등과 같은 이유로 개인적 목표나 가치를 충족시키지 못하는 것에서 비롯된다고 본다. 치료 과정 중에 내담자가 말을 중단하며 보이는 다양한 행동에 주의를 기울이고 그 순간에 내담자가 자신의 배경 사고를 인식하도록 도움으로써 상위 수준의 통제체계를 자각하도록 돕는 것이 MOL(Method of Levels) 치료과정의 핵심이다. 치료자가 내담자를 통제하려는 의도를 내려놓고 호기심 어리고 개방적인 태도로 내담자가 자신의 어려움에 대해 자유롭게 말하고 현재의 경험을 살펴볼 수 있도록 돕는 것 역시 치료의 중요한 요소이다.

역자의 작은 노력이 MOL이라는 새로운 치료 접근에 대해 관심 있는 연구자 혹은 치료자에게 조금이라도 도움이 되기를 소망한다. 끝으로 이 책이 출판될 수 있도록 지원해 주신 학지사 김진환 사장님과 편집을 맡아 주신 최주영 과장님께 깊은 감사의 마음을 전한다.

2021년 1월

정지현

—
서문

이 책은 인간을 이해하는 것에 대한 것이다. 당신이 정신건강 문제를 겪는지 혹은 정신건강 서비스 내에서 일을 하고 있는지 아닌지에 관계없이, 우리가 여기서 서술하는 원리는 모든 사람이 모든 상황과 맥락에서 생각하고 느끼고 행동하는 방식을 이해하는 데 적용될 수 있다. 이 원리는 모든 살아 있는 존재에 적용된다. 하지만 동시에 바로 그 원리가 인간이 정신적 안녕의 문제를 발달시킬 때 일어나는 일을 명확히 하는 데 도움이 된다. 단기간에 해결될 수 있는 일시적인 어려움인지 아니면 오래 지속되어 문제로 발전할 수 있는 경험인지 결정할 수 있는 과정을 기술할 것이다. 또한 사람들이 삶에서 전진하고 목표와 안녕감을 성취할 수 있도록 돕는 방법을 기술한다. 다시 말해, 이 방법들도 자기 자각을 증가시키고 삶을 통제하고 싶어 하는 모든 사람에게 도움이 될 수 있다.

이 책에서 제안되는 생각들은 지각 통제 이론(Perceptual Control

Theory: PCT)이라고 알려진 이론에 기초한다. 이 이론은 William T. Powers가 1950년대부터 최근(1973, 2005)까지 개발한 것이다. 간단히 말하면 지각 통제 이론은 행동과 행동의 모든 수준과 관련된, 우리에게 중요한 목표에 대해 설명하는 이론이다. 즉, 지각 통제 이론에 따르면 삶에서 우리의 행동은 목표를 생성하고 성취하며 유지하는 지속적인 과정의 일부로 이해될 수 있다. 고통은 이러한 목표에 도달할 수 없을 때 일어나는 것이다.

수준체계(Method of Levels: MOL)는 인지행동치료의 범진단적 형태로, 지각 통제 이론을 직접적으로 적용한 것이다. MOL에서는 고통을 감소시키는 데 있어서 좀 더 유연하고 능숙해지도록 돕는 방법으로 사람들이 생각하는 것과 행동에 대해 반성하도록 장려한다. 중요한 개인적 목표에 대한 자각을 발달시키는 데 주의를 돌리고 정신적 유연성을 증가시키는 것이 이 치료의 일부로 설명할 핵심 과정이다. MOL은 일종의 대화치료로, 특히 정신건강 서비스를 받으려는 사람을 대상으로 광범위한 어려움을 치료하는 데 사용될 수 있다. 학교, 직장 그리고 사람들이 이해할 필요가 있는 모든 종류의 대인관계 상황과 같은 다른 맥락 내에서도 유용하게 적용될 수 있다.

사람들은 종종 무엇을 하고 싶은지 혹은 어디에 가고 싶은지는 알지만 어떤 이유로 이룰 수 없다. MOL은 사람들이 행동 이면의 목표가 무엇인지 생각하고 원하는 삶을 살지 못하게 하는 이유를 탐색하도록 돕는 방법이다. 종종 사람들은 배경에 가지고 있는 다른 목표를 완전히 인식하지 못한다. 그들이 현재 추구하는 목표를 방해할 수 있어도 그렇다. MOL은 지금 바로 무엇을 해야 하는지에 초점을 맞추고 그들이 현재 경험하는 그대로 문제에 대해 이야기하도록 돕는 방법이다. 그렇게 함으로써 주의를 끌기 위해 경쟁하는 배경의 다른 일에 대해 인식하도록 할 수 있다.

이 책은 두 부분으로 제시된다. 첫째, 지각 통제 이론의 주요 원리와 이 원리가 어떻게 사람들을 이해하는 일반적 틀로 제시될 수 있는지에 대한 개관이다. 둘째, 우리는 이러한 원리를 실제로 적용하는 데 그리고 특히 광범위한 정신건강 문제를 야기할 수 있는 고통에 대한 심리학적 개입으로서 MOL을 사용하는 방법에 조금 더 초점을 맞춘다. 우리의 임상 실제와 연구를 통해 얻은 경험에 기초해서 다양한 실제 예를 제시한다. PCT를 틀로 사용하기 때문에 우리는 MOL을 시간의 한계 내에 존재하는 심리적 과정으로 기술하며, MOL은 내담자를 치료와 변화 과정의 핵심에 둘 것을 강조한다. 우리의 목표는 모든 성공적인 치료나 변화 과정에 수반되는 근본적인 원리를 상세히 하는 것이다.

요즘 존재하는 심리적 접근의 범위가 넓어지면서 우리는 용어가 서로 다른 맥락 내에서 서로 다른 것을 의미하는 것으로 진화해 왔음을 알고 있다. 이 책에서 우리는 틀림없이 언어, 즉 '목표' '통제'와 같은 단어를 사용할 것이다. 이것들은 당신의 이론적 배경이나 지향에 따라 다른 의미를 가지고 있을 수 있다. 우리는 우리가 사용하는 용어 이면의 원리를 정의하려고 노력해 왔으며 우리가 전달하려고 하는 중요한 원리에 초점을 맞추고 우리가 사용하는 언어의 제한을 간과할 것을 요청한다.

우리는 정신역동치료, 행동분석, 메타인지치료, 자비중심치료 그리고 학교와 고등 교육 체계 내의 작업과 같은 다른 틀과 맥락에서의 깊이 있는 경험뿐만 아니라 인지치료와 행동치료를 배경으로 PCT와 MOL에 이르게 되었다. 우리는 PCT와 MOL에서 우리의 심리적 개입에 대한 지식을 결정화하고 새로운 통찰을 발전시키고 우리의 기법을 개선하는 방법을 발견했다. 이전의 훈련이 실행하기 어려운 것으로 증명되었을 때 내담자, 우리 자신 그리고 치료 관계에서 '통제'를 이해하는 것이 유익했다. 이 책의 목적은 당신에게 이러한 기회를 제공하는 것이다. 우리는 매뉴얼이 그 일을 잘하길 바라며, 만약 당신이 스스로 작업하면서 이러한 접근을 취할 계획이 있거나 치료에 대해 건설적인 비판과 그것을 실행할 방법을 가지고 있다면 당신에게 이야기 듣기를 기대한다.

차례

1부

이론

2부

실제

1부

이론

01

심리적 고통을 유지하는
사고방식과 행동은 범진단적이다

범진단적 접근은 심리장애를 유지하는 사고방식과 행동이 존재하며 이러한 요인들이 모든 장애에 공유된다는 것을 증명하기 위한 경험적 실제이다. 인지행동치료와 다른 개입이 한 개인의 진단, 즉 '장애'에 대한 정보를 반드시 사용하지 않아도 이러한 요인을 직접 대상으로 삼기 때문에 효과적일 수 있음을 제안한다.

범진단적 접근은 치료가 반드시 여러 장애들에 적용되어 더 효과적일 것이라고 주장하지 않는다. 단지 훈련하고 전파하기가 더 효율적이고 쉬울 수 있다.

실행 가능하게 하기 위해서, 범진단적 접근이 정신장애를 범주화하는 확립된 분류 체계의 신뢰도와 타당도에 반드시 도전할 필요는 없다. 하지만 우리가 물려받은 확립된 분류 체계의 유용성에 대해 의문을 제기한다. 생물학, 화학, 물리학과 같은 과학의 많은 영역에서 범주화는 인식된 인과 기제에 의해 뒷받침되는 분류 도식에 기초한다. 과학적 탐구의 주된 목적은 기저의 인과 기제에 대한 지식을 습득하는 것이다. 과학에서 보다 중요한 진전은 대개 인과 기제를 확인하고 그것들이 어떻게 작용하는지에 대한 이해를 습득하는 것에서 나온다. 화합물을 결합시키는 원자들 간의 분자적 결합과 살아 있는 유기체의 진화의 기초가 되는 자연 선택이 그 예이다. 물체가 그렇게 떨어지는 이유를 설명하는 인과 기제를 찾기보다 피사의 사탑에서 떨어뜨린 물체들 간의 차이에만 초점을 맞추었다면 갈릴레오가 어디까지 알아낼 수 있었을까? 아마도 그는 각 물체에 대해 서로 다른 원리를 발달시키고 중력이 어떻게 작용하는지에 대해 여전히 모르고 있을 수도 있다. 우리는 역사적으로 인위적인 분류 도식이 발달함으로써 사회과학의 발달과, 특히 정신건강에 영향을 주는 심리적 요인에 대한 이해는 방해를 받아 왔다고 제안한다.

초기의 심리치료 원리들이 대두된 이후로 정신과 의사, 심리학자, 상담자가 확인한 핵심 과정과 기제 중 많은 부분은 '범진단적' 특성을 가지고 있다. 사실, 현대의 진단 체계에 앞선 접근들을 기술할 때 이를 '전-진단적' 혹은 '보편적인' 것으로 부를 수 있다. 하지만 이러한 초기 원리들은 인과 기제와 가용한 경험적 증거 간의 관계를 확립하지 못했기 때문에 신뢰를 잃었다. 다른 한편으로, 인지행동치료의 범진단적 적용은 다양한 진단군을 대상으로 이루어진 많은 연구를 면밀히 검토함으로써 심리적 고통을 이해하기 위한 보편적 접근을 타당화해 왔다. 심리적 고통이 이러한 다양한 '장애'에서 지속되는 이유를 설명하는 기제를 규명해 왔다. 이 접근을 출간한 중심적인 책에서(Harvey et al.,

2004), Allison Harvey는 이러한 기제를 설명하려는 의식 있는 결정을 이끌었으며 이후의 체계적인 개관에서 인지행동치료가 어떻게 행해지는지에 대해 몇 가지 중요한 생각을 강조했다. 우리는 지금 이러한 생각을 발전시키고 있는 것이다.

요약하면, Harvey 등은 연구되고 있는 성인의 모든 심리장애에서 12가지 사고방식과 행동이 공통된다는 것을 발견했으며, 9가지는 추가적인 증거를 기다리고 있었다. 연구되고 있는 과정 중 성급한 결론, 책임의 외부 귀인 두 가지만 '정신증적 장애'에 특수할 수 있지만 이조차도 정신증적 장애에 걸쳐 있으며 그중 어느 하나에 독특하지 않은 것 같다(Corcoran et al., 2008). 2004년 이후 연구 문헌이 이 접근을 더 지지하고 있다(예: Ehring & Watkins, 2008; McManus et al., 2010). 확실히, 모델에 관계된 과정들이 특정 장애에 고유한 것임을 증명하는 것은 장애 특정적 접근을 연구하는 연구자들의 책임이라고 제안할 수 있다. 한 가지 가능한 절충안은 걱정과 같은 범진단적 과정이 범불안장애(Brown et al., 1992)와 같은 장애 범주에서 그 빈도와 영향, 고통이 크다는 것일 수 있다.

Harvey 등의 개관의 결과가 범진단적인 인지행동치료를 위한 장을 마련하는 동안, 임상 실제는 의도적으로 경험적인 것에 중점을 두었다. 많은 사고방식과 행동을 대개 곧이곧대로 믿고 '사고 억제' '체험 회피' '안전 추구 행동'과 같은 인과 기제가 어떻게 작용하는지 확인하려는 진지한 시도가 전혀 이루어지지 않았다. 범진단적 접근을 활용하여 개념화와 치료가 어떻게 진전될 수 있는지를 증명하려는 초기의 시도는 Harvey 등에 의해 이루어졌다. 하지만 연구자들은 미래에 연구와 치료를 활발하게 하기 위해 보다 간결한 설명이 필요함을 인정했다.

02

범진단적 과정들이 겹쳐져서
고통을 유지시키는 핵심 과정을 형성한다

    인지행동치료 분야 그리고 결국 심리치료 전체는 다양한 용어를 사용한다. 각 분야의 선도자들이 자신만의 용어를 가진 자신만의 치료를 개발하고자 열망하는 것은 분명하다. Association of Psychological Science의 전 회장인 Walter Mischel은 모든 사람이 자신만의 칫솔을 가지기를 원하고 어느 누구도 칫솔을 공유하기를 바라지 않는 것과 유사하다는 점에서 이를 '칫솔 문제'라고 불렀다. 사실, 12개의 국제적 조직의 후원을 받은 TF팀이 광범위한 치료를 기술하고 단순화하려는 시도에서 다양한 치료 접근이 공유하는 언어 사전을 만들고 있다(www.commonlanguagepsychotherapy.org). 최근 집계에 따르면, 90개 이상의 치료가 등록되었다.

    유사한 맥락에서, 지난 장에서 우리는 20개가 넘는 인지 과정과 행동 과정이 범진단적일 수 있음을 지적했다. 이것들이 중요한 점에서 서로 다른가? 나중에, 왜 문제가 있는지를 설명하는 것에 관한 한 그 대답은 아마도 '아니요'라는 것을 보게 될 것이다.

범진단적 인지행동치료에 통제 이론 접근을 하는 것의 핵심은 확인된 범진단적 과정이 겹쳐져서 고통을 유지시키는 핵심 과정을 이룰 가능성이 크다는 것이다. 이는 마음이 어떻게 작용하는지 그리고 어떻게 고통에 처하는지에 대한 기본 원리에 대해 우리가 현재 가지고 있는 무수히 많은 서로 다른 모델, 설명, 계속 증가하는 복잡한 기술보다 더 간명한 설명을 제공해 준다. 우리는 현재 많은 모델의 복잡성이 문제 그 자체에 내재된 것보다 문제에 접근하는 방식과 더 관련이 있는지 궁금하다. 천문학 분야를 예로 들면, 천체의 궤도가 이상하고 신비한 것처럼 보이는 때가 있었으며 천체가 여행하는 경로를 설명하기 위해 더 많은 복잡한 모델들이 개발되었다. 하지만 천문학자들이 지구가 태양계의 중심에 있다는 관점에서 행성을 관찰하고 있다는 점이 어려운 점이다. 우리의 이해가 지구 중심적 태양계에서 태양을 중심으로 하는 태양계로 바뀌었을 때, 행성의 궤도는 더 이해하기 쉬웠다. 이는 어떤 현상을 정확히 이해하기 전까지는 그 현상이 얼마나 복잡해 보일 수 있는지를 보여 준다. 정신건강 분야로 되돌아와서, 인간의 문제를 강화시키는 사고방식과 행동이 단순한 방식으로 관련되어 있다는 어떤 근거가 있는가?

전형적으로, 임상 연구자들은 그들이 제안한 과정과 다른 연구자가 확인한 과정 간의 차이를 밝혀내려고 노력한다(Mansell, 2008). 하지만 그 반대로 할 때 그리고 그들 간에 겹치는 점을 찾을 때 유사성은 더 분명해지는 것 같다.

이런 종류의 연구들이 학생들(Aldao & Nolen-Hoeksema, 2010; Bird et al., 2012; Field & Cartwright-Hatton, 2008), 양극성 장애 내담자(Schwannauer, 2007), 신체적 질병이 있는 내담자(Bird et al., 2012) 그리고 혼합된 1차 진료와 2차 진료 내담자(Patel, 2010)를 대상으로 행해져 왔다. 모든 연구에서, 2개와 18개의 서로 다른 인지행동과정 간의 공통 요소가 심리적 고통과 상관이 있는 것으로 나타났다. 일반적으로, 문제들 간에 공유된 과정은 하나의 문제에 특수한 개별 과정보다 고통을 더 잘 예측한다. 과정들이 매우 다르고 심지어 서로 다른 것으로 보일 때조차도 이런 결과가 나왔다. 예를 들면, 사고를 억제하는 것과 부정적 생각을 지나치게 되씹는 것, 환경 내의 위협에 초점을 맞추고 자신에게 지나치게 초점을 맞추는 것, 감정을 억제하기 위해 술을 마시는 것과 같은 외부 지향적인 행동과 자기 비판적 생각과 같은 내부 지향적 행동이 여기에 포함된다. 핵심 과정은 이렇게 다양한 고통의 표현과 그들이 보이는 분명한 모순을 설명하는 모든 범진단적 과정을 통합할 수 있다.

인지행동치료에 대한 통제 이론 접근은 어떤 단일한 행동이나 사고방식도 심리적 고통을 유지하는 것으로 강조되지 않는다는 점에서 독특하다. 대신에, 통제 이론은 어떤 과정이 한 개인의 고유하고 개인적인 목표와 어떻게 관계가 있는지—특히 목표와 얼마나 갈등이 있는지 그리고 이러한 갈등에 대한 내담자의 제한된 자각—이 문제라고 제안한다. 효과적인 치료는 이러한 자각을 확장시킨다.

　이후 장에서, 우리는 정신건강 문제 내에서 핵심 기제가 임상 실제와 직접적이고 분명하게 관련되는 것을 이해할 수 있도록 핵심 기제를 좀 더 자세히 설명하기 위해 기초를 다질 것이다. 첫 번째 단계로 '통제'의 의미를 설명해야 한다.

03

통제의 현상: 지각, 비교 그리고 행동

심리학이 일반적으로 행동의 과학으로 기술될지라도, 정확히 '행동'이 무엇인지 명시하는 것은 어려운 일이었다. 행동을 관찰 가능하고 측정 가능한 행위 혹은 행동으로 정의하려는 시도가 있어 왔다. 하지만 이는 반성하고 생각하고 몽상하고 계획하는 등등의 다른 면에서 중요한 인간 활동의 많은 부분을 배제하는 것 같다. 보다 포괄적인 정의를 만듦으로써 이를 바로잡으려는 시도가 실제로는 난문제를 없애지 못했다. 핵심 현상이 쉽게 정의되거나 확인되지 못할 때 과학적 활동을 하는 것이 어렵게 된다.

지난 세기 중반 즈음에, William T. Powers라는 이름을 가진 물리학자이자 통제 체계 전문가는 그가 힘썼던 자동제어장치가 가끔 마치 살아 있는 것처럼 보인다는 것에 주목했다. 특히, 센서가 감지한 입력을 사전에 지정된 기준에 계속 맞추기 위해 예측하기 어려운 환경의 장애의 영향을 상쇄할 수 있도록 출력을 달리하는 방식이 이상하게도 인간의 행동과 유사하다. 가정 난

방 온도조절장치는 감지한 온도를 정해진 온도에 맞추기 위해 방이나 집의 온도 변화에 따라 더 많거나 적은 열을 만들 것이다. 인간은 자신이 원하는 방식으로 체온을 느끼기 위해 불 가까이 앉거나 스웨터를 더 입거나 혹은 창문을 열 것이다. 유사하게, 자동차의 정속 주행 장치는 운전자가 설정한 속도로 차를 운행하기 위해 도로의 경사도 변화에 따라 가속하거나 감속할 것이다. 마치 운전자의 발이 계속 가속 페달에 있는 것과 같다. 정속 주행 장치가 할 수 있는 것은 정확한 모방이다.

Powers는 기계의 움직임과 인간 행동 간의 유사성이 공통된 기저 속성을 반영함을 주목했다. 그 속성은 통제라는 현상이었다. 통제는 번개, 자력 혹은 중력이 작용하는 방식과 동일한 방식의 특징을 가진 현상으로 간주될 수 있다. 하지만 통제는 생명체에게는 특이한 현상이다. 사실, 생명체가 행하는 '삶'은 통제 과정이다. 생명체와 무생물 간의 가장 근본적인 차이 중의 하나는 생명체는 통제하지만 무생물은 그렇지 않다는 것이다(통제하도록 고안된 무생물은 예외이다. 하지만, 그러한 무생물도 자동적으로 통제하지는 못한다).

만약 당신이 바위를 민다면, 바위의 움직임은 (바위가 밀릴 때 접하고 있던 표면에 더하여) 전적으로 바위의 중량과 그것에 가해진 힘에 의해 결정된다. 하지만 만약 당신이 생명체를 민다면, 그것의 움직임은 예측하기가 더 어렵다. 그것이 어떻게, 어떤 방식으로 움직일지는 미는 것에 영향을 받은 내적 상태뿐만 아니라 미는 힘에 의해서 결정될 것이다.

생명체는 통제하지만 무생물은 통제하지 않는다. 그것이 기억해야 할 주요 통찰이며, 이 책에서 가장 근본적인 것이다. 그럼 통제란 무엇인가? 통제에 대한 공식적인 정의가 있지만, 통제에 대한 보통의 이해 역시 있다. 질문을 받은 대부분의 사람들이 통제에 대해 '당신이 원하는 방식대로 일이 되도록 만드는 것'과 관련된 정의를 내릴 수 있다.

어떤 상황에서는 '통제'가 거의 '비열한 단어'로 여겨지고 사람들은 종종 이 단어를 쓰는 것을 좋아하지 않는다. '통제'는 '다른 사람을 쥐고 흔들려고 하는 것'뿐만 아니라 매우 제한적이고 고의적인 것과 관련이 있는 것처럼 보인다. 대신, '수용'과 같은 것에 대해 말하는 순간에 좀 더 인기 있는 것처럼 보인다. 우리는 이에 대해 유감스럽게 생각하며, 이는 통제가 무엇이며 어떻게 작용하는지에 대한 이해가 부족하기 때문이다. 과학적인 용어로, 이완되어 있고 '흐름에 따르는' 사람들은 권위적인 독재자만큼 통제한다. 그들의 통제는 '만사를 자기 뜻대로 하려는 사람'의 경직된 통제보다 단지 더 유동적이고 적응적이다. 통제하지 않는 유일한 사람은 묘지를 채운 사람들이다. 사실, 단세포 생물에서부터 인간까지 살아 있는 모든 것은 통제한다. 이를 생물학적인 용어로 말하면, 유기체적 물질의 조직화된 무리가 살아 있고 계속 살아남으려면 내적 환경의 완전성을 유지하기 위하여 외적 환경에 영향을 주어야 한다. 사실, 통제는 삶과 죽음에 관한 것이다. 그건 중요하다.

Powers는 통제를 단지 살아 있는 존재로서 우리의 본성의 근본적인 특성으로 인식한 것이 아니다. 그는 또한 통제가 어떻게 작용하는지 구체적이고 수량화가 가능한 용어로 기술하였다. 그는 우리가 삶에서 통제를 실행하기 위해 지각적 경험이 어떻게 조직화되는지에 대한 이론적 설명을 발전시키기 위하여 제어공학에서 가져온 개념을 사용하였다. 이로 인해 이 개념은 행동에 관한 이론 중에서는 다소 독특하다. 사실, 우리는 이론에 의해서 설명되는 행동의 측면을 시뮬레이션 하기 위한 기능적 모델이 구성될 수 있도록 모든 이론의 원칙들이 간결하고 수량화 가능한 방식으로 구체화되어야 한다면 얼마나 많은 이론이 계속 존재할지 의문이다. Powers의 연구에 대한 첫 번째 출판은 1957년 The American Psychologist의 초록으로 거슬러 올라간다. 첫 번째 전체 논문은 3년 뒤에 출간되었다(Powers et al., 1960a, b). 이 이론을 정교화한 것으로 확인된 자료는 『Behaviour: The Control of Perception』(Powers, 1973, 2005)이다. Powers가 사회과학에서 제어공학 혹은 '살아 있는 체계' 개념을 처음으로 사용한 건 아니지만(예: Wiener, 1948) 그의 접근은 많은 사회과학자들이 선택하도록 여러 방면에서 독특하다(Powers, 1998). Powers의 접근은 1980년대에 지각 통제 이론(Perceptual Control Theory: PCT)으로 알려지게 되었다. 사실, PCT 외에도 많은 종류의 '통제 이론'이 있다. 하지만 단순성을 위해 우리는 PCT와 통제 이론을 함께 사용할 것이다. PCT에 대한 더 상세한 자료와 1970년대 이후에 발전된 근거 기반은 www.pctweb.org에서 찾아볼 수 있다.

Powers는 통제에서 지각, 비교, 행동의 세 가지 핵심 요소를 확인할 수 있었다. 그는 생명체가 어떤 사건이 자신이 원하는 방식으로 일어나게 만들기 위해서는 현재 상황을 지각할 수 있어야 하고(경험), 현재 지각되는 것을 내적 기준(그들이 원하는 것)과 비교할 수 있어야 하며, 지각된 것을 내적 기준에 부합하게 만들기 위해서 환경에 영향(행동)을 미칠 수 있어야 한다고 제안했다. 통제 이론가들은 이 과정을 부정 피드백이라고 부르는데, 이에 대해서는 나중에 더 자세히 기술될 것이다.

통제의 기초가 되는 부정 피드백은 어디에나 존재하기 때문에 PCT를 설명하기 위해 매우 낯익은 예를 사용할 수 있다. 동요와 동화도 도움이 될 수 있다! 골디락스 이야기는 활동하는 통제의 좋은 예를 제공해 준다. 골디락스는 너무 뜨겁거나 너무 차가운 죽은 먹지 않는다. 그녀는 딱 적당한 죽을 먹었다. 유사하게 그녀는 너무 딱딱하거나 너무 부드러운 침대에서는 잠을 자지 않았다. 그녀는 '딱 적당한' 침대에서 잠을 잤다. 골디락스가 '딱 적당한' 죽을 먹기 위해서는 그녀가 찾은 죽을 맛볼 수 있어야 하고(지각), 그녀가 가장 좋아했던 죽에 대한 생각과 이를 비교할 수 있어야 하며, 그녀가 맛을 본 죽과 이상적인 죽이 일치하도록 만들기 위해서 행동을 할 수 있어야 한다. 기본적으로, 통제 이론의 견해는 우리 모두가 머릿속에 삶의 변화무쌍한 경험에 대한 '딱 적당한 것'을 가지고 있다는 것이다. 우리가 경험하고 있는 세상이 우리의 '딱 적당한 것'과 일치할 때, 삶은 괜찮은 것이며 우리는 이렇게 되도록 행동한다. 조건과 상황이 변화하고 우리의 경험이 더 이상 '딱 적당한 것'이 아닐 때, 우리는 우리가 원하는 방식대로 그것을 되돌리기 위해서 행동한다.

모든 중요한 인간 행동(그리고 다른 생명체의 행동)은 이러한 관점에서 이해될 수 있다. 누군가가 커피 한잔을 만든다면 그들은 커피의 상태를 지각하고 그들이 좋아하는 상태(예: 라테, 에스프레소, 카푸치노 등등)와 비교하고 현재 지각하고 있는 것 (커피 없음)을 그들이 원하는 것(더블 샷 라테)으로 만들기 위해 행동할 수 있어야 한다. '커피 없음'을 '더블 샷 라테'와 일치시키기 위해서 할 수 있는 일은 여러 가지가 있다는 것을 주목하라. 스스로 만들 수도 있고 아니면 친구에게 만들어 달라고 부탁할 수도 있고 좋아하는 카페에 갈 수도 있다. 목적을 달성하는 데는 여러 가지 방법이 있고(속담이 그러하다) 이는 통제의 특징이다. 경험(지각)되는 것을 목적하는 방식대로 만들기 위한 행동은 다양하다. 사실 이러한 통찰은 경험적 심리학의 시초(James, 1890)에 나왔지만 20세기까지 연구에서 공식화되지는 않았다(Mansell & Carey, 2009). 내부자의 관점에서 중요한 것은 행동 그 자체가 아니라 행동의 결과이다.

우리가 살기 시작한 순간부터 멈추는 시간까지 마치 우리는 창조하고 유지하려고 하는 다양한 상태를 마음속에 가지고 있는 것 같다. 이러한 상태는 우리가 경험하는 좋은 삶을 기술하거나 제공한다. 아기 때 우리는 건조함, 따뜻함, 친밀함, 배부름과 같은 몇 개의 상태만 가지고 있다. 아이들이긴 하지만 이 상태도 다양할 것이다. 아이마다 얼마나 배가 부른 것을 좋아하는지 그 수준을 유지하기 위해 얼마나 기운차게 움직일 것인지 다를 것이다. 성장하고 성숙하는 것은 우리의 마음을 점점 더 많은 상태로 채우는 것이다. 아마도 자라나는 아이에게 자극이 중요한 이유가 이것이다. 하지만 여기에서도 개인이 받는 자극의 양에 대해서 선호하는 상태가 있을 것이다. 성인에게 이러한 상태는 삶에 반영된다. 우리는 관계, 활동 수준, 성취 수준, 도구를 수집하는 성향 등등과 관련해 어떤 상태에 있다. 그러므로 인간의 기능 차이는 원하는 상태에서의 차이로 이해될 수 있다. 그러면 사람이 목적한 삶을 살도록 도움을 줄 때 필요한 첫 번째 단계는 행동을 활용함으로써 유지하려고 하는 중요한 상태에 대해 이해하는 데 시간을 보내는 것이다.

아마도 이는 구체적으로 심리학에 그리고 보다 일반적으로는 생명과학에 왜 그렇게나 많은 모호성, 조심성, 불확실성이 존재하는지를 설명해 준다. 행동에 대해 이해하는 데 도움을 주기 위해 수행되는 많은 연구들이 외부 관찰자의 관점에서 수행되어 왔다. 외부자의 관점에서 행동을 이해하는 것은 매우 어렵다.

행동 패턴과 규칙성은 종종 확률적 의미와 통계적 의미로만 분별할 수 있지만 행동의 결과에서의 규칙성은 좀 더 확고하다. 예를 들면, 사람들은 그들이 사용하는 구체적인 행동은 전혀 똑같지 않지만 날마다 집과 일터를 왔다 갔다 한다. 만약 그들이 월요일에 출근하기 위해 운전하면서 사용했던 것과 동일한 행동을 화요일에 출근하기 위해 운전을 하면서 사용한다면 아마도 그들은 길 끝에서 나아가지 못할 것이다. 매일 환경 조건이 다르다. 길에 다른 차가 있고 조금 다른 시간에 전철역에 도착하며 사고 때문에 버스가 늦게 달리고 비가 오고 바람이 불며 친구가 전화를 해서 오늘은 당신을 태워 주지 못할 것 같다고 이야기한다. 하지만 이러한 차이에도 불구하고 사람들은 계속 동일한 결과(직장에 도착하기)를 만들어 낸다.

　그러므로 우리의 일상생활은 일관적이지 않고 비규칙적인 행동을 사용함으로써(통제) 일관되고 규칙적인 방식으로 일이 이루어지도록 하는 특징이 있다. 우리는 외모를 우리가 좋아하는 대로 유지하며, 우리에게 중요한 친구관계를 유지하고, 계획한 진로를 추구한다. 이 모든 일은 우리에게 우리가 필요한 방식대로 행동을 끊임없이 다양하게 변화시킬 수 있어야 한다고 요구한다. 그래야 우리는 계속해서 우리가 원하는 방식대로 일을 지각할 수 있다. 지각과 경험이 실제로 동일한 것인지 질문할 수도 있다. 우리는 모든 경험은 정보에 기초해야 한다고 제안한다. 왜냐하면 경험은 항상 개인의 감각을 통해 지각될 수 있기 때문이다. 그러므로 인간의 지각은 현재의 현실이다.

　지각, 비교, 행동은 통제를 생성하는 세 가지 과정이다. 통제는 생명과학에서는 단일한 현상일 수 있다. 심리적 문제를 이해하고 다룰 때는 매우 중요하다. 우리가 이 책에서 설명하듯이, 생명체의 문제는 근본적으로 통제의 문제이다. 누군가가 만성적으로 심리적인 고통을 겪게 된다면 어떤 점에서 통제는 방해된다. 심리적 문제를 통제의 관점에서 개념화하고 다룸으로써 우리는 심리학에서 가장 논쟁을 초래하는 이론적 쟁점에 대해 더 명확하게 하고 더 해결할 수 있게 될 것이다. 이에 대해서는 나중에 다룰 것이며 이는 공통 요인 대 특수 요인, '도도새 가설'(모든 심리치료가 똑같이 효과가 있다는 생각), 문제를 분명하게 구별되는 장애로 범주화하는 것, 마음/신체 분리, 환경과 개인의 목표 간의 상호작용, 심리적 문제와 신체적 문제 간의 차이에 대한 논쟁을 포함한다. 궁극적으로 이 치료가 왜 이러한 방식으로 행동하는지에 대해 보다 정확한 묘사에 기초하기 때문에 더 효과적이고 효율적인 치료를 제시할 수도 있다.

04

행동의 통제가 아닌 지각의 통제

행동이 방해받을 때뿐만 아니라 '정상적인' 인간 행동을 이해하는 데 있어서 통제가 중요하다는 것이 그럴듯해 보인다면, 통제의 특성을 분명히 하는 데 조금 더 시간을 쓰는 것이 중요하다. 통제는 심리학에서 광범위하게 논의된다. 우리가 하는 것을 통제하거나 조절하는 것에 대한 견해가 대부분이다. 하지만 대체로 통제에 대해 논의할 때 올바른 '결과'를 생성하는 것의 맥락에서 기술된다. 예를 들면, 당신은 행동이나 사고의 통제 혹은 정서 조절을 이루기 위한 전략에 대한 글을 읽었을 것이다.

결과의 통제에 초점을 맞추는 것은 과학적 진보에서 기능적 모델이 하는 중요한 역할을 강조한다. 요즘 심리학에 많은 모델이 존재하지만 그것들은 개념적 모델이거나 아마도 통계적 모델이다. 개념적 모델은 본질적으로 도식으로 표현되는 무언가에 대한 누군가의 생각이다. 통계적 모델 역시 대개 도식으로 표현된다. 하지만 대개 도식에서 서로 다른 변인들 간의 관계를 수량화한 숫자를 가지고 있다.

하지만 기능적 모델은 어떤 것이 어떻게 작용하는지에 대한 누군가의 생각을 좀 더 정확히 검증한다. 기능적 모델이 연구자의 생각에 따라 만들어질 때 이 모델은 작용할 수도 있고 그렇지 않을 수도 있다. 만약 연구자가 생각한 대로 작용하지 않는다면 분명히 면밀한 조사하에 현상에 대한 연구자의 생각이 개정되어야 한다. 우리는 이 책에서 나중에 모델에 대해 조금 더 논의할 것이다.

Powers가 개발한 통제 이론인 PCT에 대해 논의할 때 모델에 대한 서론이 중요하다. Powers는 기능적 모델이 만들어지고 검증될 수 있도록 자신의 견해를 표현했다. 그 결과는 놀라웠다. 첫째, 그 모델은 설명되는 행동을 매우 면밀하게 보여 주는 행동을 생성한다. 둘째, 그 모델은 생명체가 통제할 때 실제로 결과(행동)를 통제하지 않고 그들의 입력(지각)을 통제함을 시사한다.

이 단순한 말은 심리학에 큰 함의를 가지고 있다. 행동의 통제라는 개념은 심리학적 사고의 중심이다. 일반적으로, 외부 사건과 어떤 행동을 만들어 내기 위해 개인에게 영향을 주는 조건 혹은 목표와 계획과 같은 내적 상태가 특정한 행동을 생성한다. 하지만 Powers는 행동이 전혀 통제되지 않음을 발견했다. 오히려 행동의 지각적 결과가 통제된다. 우리는 우리가 느끼고 경험하고 지각하는 것을 생성하거나, 창조하거나, 혹은 통제하기 위해 행동한다. 행동은 지각에 대한 통제이다(Powers, 1973, 2005).

심리학의 어떤 영역은 오랫동안 이 견해와 매우 밀접해 있었다. 인지 부조화, 선택적 주의, 탄력성, 그리고 내적 동기와 같은 개념은 모두 통제된 지각적 입력이라는 패러다임의 가장자리를 건드리는 것이다. 불행하게도, 이들은 모두 통제된 행동적 결과의 관점에서 개념화되고 연구되어 왔기 때문에 많이 진전되지 않았다. 그렇지 않았으면 많이 진전했을 것이다. 독립 변인(Independent Variable: IV)과 종속 변인(Dependent Variable: DV)의 측면에서 심리학적 연구의 기초는 '폐쇄 회로' 사고와 반대되는 직선적 사고(Marken, 2009)에 기초한 행동 통제 모델에 대한 우리의 신뢰를 직접적으로 반영하는 것이다.

IV-DV 관계는 직선적 사고에 기초하며 법칙과 유사한 규칙성을 만들어 낸다(예: 자극은 직관적인 상식에 기초한 것처럼 보이는 반응과 연합되어 있다). 하지만 실제로 생명체의 행동을 면밀하게 관찰해 보면 철저한 조사에는 잘 견디지 못한다(Pellis & Bell, 2011). PCT에 기초한 일상적인 과제에 대한 컴퓨터 모델을 선형 모델과 비교해 보면, PCT 모델은 실제 행동을 시뮬레이션하는 데 더 높은 수준의 정확도를 보이는 것으로 나타났다(예: Bourbon & Powers, 1999). 여기에서 제시하는 비교는 간단한 사고 실험을 통해 예증할 수 있다. 차를 운전하는 것을 생각해 보자. 가속 페달 위에 있는 발의 각도와 핸들 위에 손을 두고 움직이는 방식의 관점에서 행동에 대해 생각할 수 있다. 당신이 운전하면서 받아들이고 있는 모든 시각적 정보, 예를 들어 당신과 앞차 간의 위치, 차선에서 차의 위치, 속도계 바늘이 가리키고 있는 숫자 등으로서 지각에 대해 생각할 수 있다. 이런 식으로 생각하면 지각이 행동보다 우선한다는 것을 인정하기 쉽다. 당신이 핸들의 상태를 임의로 결정하지는 않을 것이며 가속 페달을 누르기 위해 발의 특정한 각도를 임의로 선택하지도 않을 것이다! 당신은 길에서 당신이 보길 원하는 곳에서 차를 계속 보기 위해서 당신이 필요한 방식으로 핸들을 움직인다. 유사하게 당신은 당신이 원하는 속도로 차가 움직이도록 하기 위해 가속 페달을 누르는 정도를 늘이고 줄인다. 그러므로 당신은 (차가 어디에 있고 얼마나 빨리 움직이는지) 당신의 지각이 맞도록 하기 위해 (가속 페달을 누르고 핸들을 움직이는) 당신의 행동을 사용한다. 즉, 반대가 아니라 당신의 행동이 지각을 통제한다. 관심이 있는 사람들을 위해 운전에 관한 이 예가 실제로 PCT를 사용해서 모델로 만들어졌다(Nilsson, 2001).

현재의 진단 범주들은 한 범주에서 핸들을 두 손으로 운전하는 모든 사람, 다른 범주에서 핸들을 한 손만 가지고 운전하는 모든 사람, 다른 범주에서 핸들 좌우에 두 손을 놓고 운전하는 모든 사람 등등을 한데 묶는 것과 유사하다고 생각한다. 어떤 사람이 어떨 때는 핸들의 위쪽에 두 손을 놓고 운전하고 다른 때는 핸들에 한 손만 놓고 운전하면 '공병(comorbidity)'이라는 어려움을 발견할 수도 있다. 우리는 사람들의 행동을 이런 식으로 묶는 것이 유용하다고 생각하지 않지만 기저에 유익한 일관성이 있을 수 있다고 믿는다. 안전에 대한 염려는 공통적일 수 있고, 목적지를 염두에 두는 것도 공유될 수 있다. 이 예는 이 책의 초점을 예시하는 데 도움이 될 것이다. 이 책은 특정한 행동보다는 중요하고 공통적인 범진단적 기저 과정에 더 초점을 둔다.

  따라서 사람들이 심리치료를 접할 때 그들이 필요한 '올바른 행동'을 만들어 내거나 '올바른 생각'을 하도록 돕는 것이 아니다. 올바른 결과를 산출해 내는 방법을 배우는 것은 장기적으로 혹은 여러 상황에서 효과적이지 않을 것이다. 심리적으로 고통스러운 사람들은 그들이 원하지 않는 경험을 가지고 있으며 어떤 이유로 그들은 그 경험을 적절하게 만들 수 없다. 우리는 효과적인 치료는 사람들이 거기서 벗어나서 새로운 통찰, 새로운 관점, 새로운 접근, 새롭게 작용하는 방식을 발전시키도록 돕는 것이라고 주장한다. 때로 여기에는 분명히 새로운 행동, 새로운 생각, 새로운 감정이 수반될 것이다. 하지만 개인이 삶의 중요한 영역에 대한 통제를 회복할 때 이러한 행동, 생각 그리고 감정이 일어난다.

05

부정 피드백 고리

이미 언급한 원리, 즉 통제, 지각, 비교 그리고 행동, 지각의 통제로서 행동은 부정 피드백 고리라고 불리는 작동 단위 내에서 입증된다. 우리는 PCT의 기술적 특징을 예시하기 위해 이 부분에서 이 이론의 세밀한 부분을 제시하고 다른 심리학 이론에서 보게 되는 일반 원리를 기술하기보다는 어떻게 행동의 기저에 있는 실제 기제를 기술하는지 보여 줄 것이다. 그러면 이후에 내담자의 마음 안에서 일어나는 '기제'에 대한 강한 흥미가 어떻게 통제 이론에서 도출된 치료의 일부가 되는지 입증하는 데 도움이 될 것이다.

이 부정 피드백 고리는 사실 온도계에서 정속 주행 장치, 작은 수세식 변기까지 다양한 공학 응용의 핵심 요소이다. 부정 피드백 개념은 19세기 후반에 Claude Bernard에 의해 생물학에서 처음으로 발견되었으며 Walter Cannon에 의해 **항상성**(homeostasis)으로 개정되었다. 그것은 20세기 초반에 공학에서 구현되었으며 사이버네틱 운동과 함께 심리학에 처음 도입되었다(Wiener, 1948). 하지만 지각 통제 이론이 발전하던 1950년대와 1960년대에는 작용 모델 내에서만 정교화되었다. 지각 통제 이론에 따르면, 이 부정 피드백 고리는 모든 살아 있는 신경계의 '구성 요소'이다. 사고와 행위라는 복잡한 과정을 실행하기 위해 그것들이 어떻게 조직화되는지 나중에 설명할 것이다.

부정 피드백 고리에서 환경에서 오는 지각적 신호는 내적 준거 신호 혹은 '기준'과 비교된다(즉, 내적 준거 신호에서 지각적 신호를 뺌으로써 지각적 신호는 뒤바뀐다). 환경의 신호와 내적 기준 간의 차이가 오차 신호를 만들어 낸다. 그러면 오차 신호는 환경의 장애를 해소하는 행동을 시작하게 한다. 그 효과는 지각을 내적 기준에 더 가깝게 만드는 것이며 일상적인 언어로 말하면 개인의 경험을 목표에 더 가깝게 하는 것이다.

중요한 두 가지 다른 특징이 있다. 첫째, 오차 신호를 야기한 환경에서 그 영향을 상쇄시키기 위해서는 행동이 오차 신호보다 상당히 강력해야 한다. 이렇게 하기 위해서, 오차 신호는 '증가'라 불리는 요인에 의해 확대된다. 음악 연주를 위해 사용되는 확성기에서 '증가'라는 단어는 익숙할 것이다. 부정 피드백 고리의 기계 버전에서 증폭기가 만들어졌기 때문이다. 둘째, '고리'이다. 개인의 행위는 환경을 통한 개인의 지각과 연결되어 있다. 개인의 행위에서 개인의 지각까지 폐쇄된 고리가 피드백 과정이다. 이러한 특징은 '지각의 통제로서 행동'을 실행한다.

통제 이론에 기초해서 치료할 때 우리는 개인의 생각, 느낌 그리고 행동이 환경과 통합하는 폐쇄 고리의 모든 구성요소라고 가정한다. 우리는 우리가 공유하는 환경과의 이러한 연결을 통해 서로 상호작용한다. 이로 인해 우리는 집합적으로 경험을 다 같이 통제하도록(두 사람이 동일한 목표를 공유할 때) 서로를 도울 수 있거나(다른 사람의 행동에 의한 피드백에 우리가 포함될 때), 혹은 때로 서로 갈등할 수도 있다(한 사람이 다른 사람의 목표에 장애물로 작용할 때).

부정 피드백 고리는 다양하게 정밀한 수준에서 설명되고 모델로 만들 수 있다. 여기에서 몇 가지 요소만 설명하는데, [그림 5-1]에 예시되어 있다. 통제 이론 연구자들이 현실 세계의 체계를 모델로 만들기 위해 이러한 부정 피드백 고리를 사용할 때 다른 많은 요소들이 필요하다. 이들 중 대부분은 Powers(2008)에서 상세히 설명되었으며, 이 이론에 관한 많은 출판물은 www.pctweb.org에서 볼 수 있다. 이 장을 이해하기 위해서 부정 피드백 고리라 불리는 작용 기제가 목표 지향적이고 목적의식이 있는 행동을 실행하기 위해 사용될 수 있다는 것을 아는 것이 중요하다. 통제 이론은 물리적 이론이다. 통제 이론을 독특하게 만드는 것은 다른 특징이다. 이것은 가설적인 언어적 설명이 아니라 작용 기제를 통해 설명한다. 이론에 대해 소통하기 위해 단어들이 사용될 수 있지만 궁극적으로 그것이 실제로 어떻게 작용하는지 정확히 봄으로써 이론에 대해 이해할 수 있다.

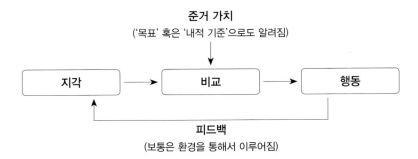

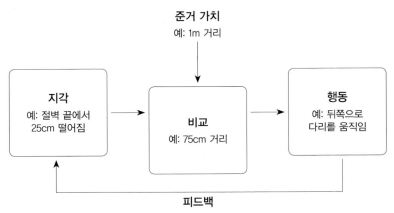

[그림 5-1] 지각, 비교 그리고 행동이 통제를 유발하는 세 가지 과정이다

06

통제 상실의 근본 원인들

　앞 장의 폐쇄 회로 도표는 통제가 어떻게 이루어질 수 있는지 뿐만 아니라 통제가 어떻게 상실될 수 있는지를 암시한다. 만약 특정한 경험에 대해서 회로의 어떤 요소가 없어진다면 그 경험은 통제될 수 없다. 한 번에 하나씩 이를 짚어보자.

　첫째, 우리가 무언가를 통제할 수 있기 위해서는 그것을 지각할 수 있어야 한다. 간단히 말해서 길을 따라 운전을 할 수 있으려면 우리는 길 위 어디에 있는지 지각해야 한다. 주의가 분산되면 치명적인 사고가 일어날 수 있다. 삶의 큰 영역 내에서 편안함을 느끼거나 타인의 호감을 받기 위해서는 유사하게 이러한 지각에 주의를 기울일 필요가 있다. 이는 우리가 우리의 감각과 현재 순간의 경험에 주의를 기울이고 있을 때 보다 잘 통제할 수 있음을 의미한다. 이런 식으로 우리는 우리가 경험하기를 원하는 것을 경험하고 있는지─예를 들면, '충분히 편안한지' 혹은 친구가 나를 좋아하는지─판단할 수 있다. 그래서 현재 지각에 주의를 기울이는 것이 중요하다.

둘째, 우리는 우리의 경험에 대해 준거 가치(내적 기준)가 필요하다. 그것을 얼마나 필요로 하는지 알기 전에는 원하는 것을 얻는 방법을 알기 어렵다. 운전을 예로 들면, 우리는 길의 어느 쪽으로, 곡선도로에 얼마나 접해서, 어떤 속도로 계속 갈지 준거 가치가 필요하다. 더 광범위한 예에서, 우리는 얼마나 편안한 것이 우리에게 좋은지 혹은 친구가 나를 좋아해주기를 얼마나 원하는지에 대한 감각이 필요하다. 그래서 우리의 목표와 내적 기준을 인식하는 것이 중요하다.

셋째, 통제할 수 있으려면 환경에 영향을 미치는 어떤 방식이 필요하다. 그러므로 우리는 행동하기 위해서 우리의 신체가 필요하다. 이는 전형적으로 근육의 움직임(예를 들면 말하기, 걷기, 잡기, 쓰기)을 통해서 이루어진다. 이러한 행위 각각은 우리가 통제할 수 있도록 해 준다. 이러한 능력 없이 우리는 경험을 통제할 수 없을 것이다. 하지만 우리는 이러한 경험에 대해 준거 가치를 통제하고 상상할 수 있을 것이다—우리는 나중에 이 능력에 대해 다시 언급할 것이다. 근본적으로, 통제하기 위해서 행동할 수 있는 것이 중요하다.

넷째, 우리는 피드백이 일어날 수 있게 하는 환경이 필요하다. 운전할 때 만약 차 아래에 도로가 아니라 수영장이 있다면 우리의 행위는 쓸모가 없을 것이다. 더 넓은 삶의 목표에서 우리가 영향을 미칠 수 있으며 통제가 완전히 발휘되지 못하는 장애물을 너무 많이 만들어내지 않는 환경이 필요하다. 예를 들면, 아이들은 부모를 통제할 수 없으며, 많은 사람이 주거지와 삶에 영향을 미칠 수 있는 자연 재해에 대해서는 통제할 수 없다. 따라서 환경에서 우리가 통제할 수 있는 측면을 인식하는 것이 중요하다.

앞서 말한 통제에 대한 모든 제약에도 불구하고, 인간의 마음은 통제를 회복하는 방법을 찾기 위해 재적응하고 재조직화하는 데 매우 능숙해 보인다. 예를 들면, 부분적으로만 볼 수 있는 사람이 의사소통하기 위해 촉각과 청각을 사용하는 것을 배운다. 신체적 장애가 있는 사람들은 목표를 실현하기 위해 기계에 의존하고 건물에 적응하는 것을 배우며 심지어 타인의 도움에 의지하는 것을 배운다. 이러한 이유로, 스스로 만들어 낸 기회를 활용해서 그리고 그렇게 하기 위해 지각, 준거 가치, 행동 그리고 환경에 접근할 것인지를 생각해봄으로써 통제를 촉진하도록 돕는 것이 중요하다. 하지만 적어도 외부인의 관점에서는 이러한 요소들이 존재하는 것처럼 보이는 때조차도 많은 사람이 여전히 삶에서 통제와 목표를 상실했다고 보고한다. 이는 아마도 서로 다른 종류의 문제(갈등)로 인한 것이며, 이에 대해서는 나중에 다시 언급할 것이다.

07

통제의 위계: 수준의 상승과 하강

지각 통제 이론(PCT)의 명쾌한 특징은 행동 복잡성의 차이를 설명하는 방식에 있다. 부정 피드백에 의해 작동하는 폐쇄된 원인 통제 체계가 삶에 대한 PCT 관점에서는 기본적인 구성요소로 간주된다. 하지만 지각, 비교, 행동의 과정은 생명체의 왕국에서 일상적인 순서로 여전히 존재한다. 행동이 얼마나 단순한지 아니면 복잡한지에 관계없이 PCT의 기본 전제는 모든 행동이 통제 과정의 일부라는 것이다.

행동 복잡성이 다양함에도 불구하고 통제 과정은 일정하게 유지된다. 행동 복잡성에 차이가 있는 이유는 서로 다른 상황에서 통제되는 지각의 유형에 의해 설명될 수 있다. Powers(1973, 2005)는 인간이 11개의 서로 다른 수준의 지각적 조직화를 지니고 있다고 제안했다. 이는 발달과 성장의 정상적인 생애주기 동안 생성되고 조직화된다. 이러한 발달 단계 중 많은 것들이 인간 유아 연구에서 입증되어 왔다(Plooij & van de Rijt-Plooij, 1990).

하지만 Powers에 따르면 중요한 것은 소위 수준이 아니며 얼마나 많은 수준이 있는가도 아니다. 오히려 가장 중요한 것은 그들이 작용하는 방식이다.

Powers의 제안(1973, 2005)은 한 수준에서 통제는 더 낮은 수준으로 보내는 준거 신호를 다양하게 함으로써 확립된다는 것이다. 무엇을 해야 하는지 낮은 수준의 체계에게 말해 주지 않는다. 하지만 딱 좋은 상태에 얼마나 가까이 있는지는 말해 준다. 또한 특정한 수준의 지각은 더 낮은 수준에서 그 수준에 보내는 입력의 조합이다. 이는 '친절함'과 같은 추상적인 지각이 '다른 사람을 위로하기'와 같은 보다 단순한 지각을 결합함으로써 바닥에서부터 만들어짐을 의미한다. 단순한 지각은 결국 '부드러운 목소리를 사용하기'와 같은 보다 구체적인 경험에서 도출된다. '라자냐'와 같은 보다 일상적인 개념조차 파스타, 토마토, 치즈라는 기본 구성요소에 대한 낮은 수준의 지각에서 도출되었다는 점에서 위계적이다. 사람들에게 위계에서 낮은 수준은 행동과 실제 근육 운동과 같은 구체적인 과정과 행위를 수반하는 작용으로 구성된다. 높은 수준은 자신, 세상 혹은 타인에 대해 원하는 것에 관한 내적 기준을 포함해서 개인의 가치 및 원칙과 관련되는 경향이 있다. 그래서 '친절함'과 같은 예를 사용해서 '친절한 사람이 되기'를 원하는 것은 높은 수준의 내적 기준의 예가 될 수 있으며, 이 목표 아래에서 다른 사람을 배려하고 사람들을 위해 무언가를 제공하는 것처럼 친절한 사람이 되기 위한 방법을 정확히 나타내는 낮은 수준이 있다. 바로 아래에 그 사람을 위한 과제를 실제로 완성하기 위해 근육을 움직이는 가장 낮은 수준이 있다.

'어떻게?' 그리고 '왜?'라는 질문은 서로 다른 수준 간의 차이에 대한 감을 제공하는 유용한 방식이다. '어떻게?' 질문은 개인의 인식을 낮은 수준으로 낮추는 데 도움이 되는 반면, '왜?'라는 질문은 개인의 인식을 보다 높은 수준으로 이동시킨다고 제안한다. 만약 우리가 당신에게 이 책을 왜 샀는지 질문한다면 당신은 아마도 'CBT에 대한 범진단적 접근에 대해 배우기 위해서'라고 말할 것이다. 그러면 우리는 '그러한 접근법에 대해 왜 배우고 싶은가요?'라고 질문할 수 있고 이에 대해 당신은 '그러면 내가 더 나은 임상가가 될 수 있기 때문에?'라고 대답할 수 있다. 그리고 우리가 '왜 더 나은 임상가가 되고 싶은가요?'라고 질문한다면 당신은 '왜냐하면 나는 사람들을 돕고 싶기 때문이다'라고 말할 것이다. 그러면 우리는 '왜 사람들을 돕고 싶은가요?'라고 질문하고 당신은 '왜냐하면 그것이 이 세상을 더 나은 곳으로 만들기 위해 내가 할 수 있는 일이기 때문에'라고 대답할 것이다. 이 단순한 예로부터 당신은 '왜?'라는 질문이 사람들로 하여금 보다 중요한 그리고 보다 추상적인 목표에 대해서 생각하도록 돕는 방식에 대해 인식할 수 있을 것이다.

이 예를 '계단 아래'에서부터 거꾸로 따라간다면 우리는 '당신은 세상이 더 나은 곳이 되도록 어떻게 도울 수 있습니까?'에서 시작할 수 있다. 그리고 한 가지 대답은 '사람들을 도움으로써'일 것이다. 이미 '어떻게?'라는 질문에 답할 때 한 가지 가능성보다 더 많은 것들이 있을 수 있음을 알 수 있다. 그리고 우리가 '어떻게 사람들을 도울 수 있나요?'라고 질문하면 당신은 아마도 '더 나은 임상가가 됨으로써'라고 말할 것이다. 그러면 우리는 '당신은 어떻게 더 나은 임상가가 될 수 있나요?'라고 질문하고 당신은 아마도 'CBT를 범진단적으로 사용하는 접근에 대해 배움으로써'라고 대답할 것이다. 마지막으로, 우리는 'CBT를 범진단적으로 사용하는 접근에 대해 어떻게 배울 수 있나요?'라고 질문할 수 있으며 당신은 아마도 '이 책을 삼으로써'라고 말할 것이다.

분명히, 동일선상의 질문이 서로 다른 사람에게 서로 다른 곳에 이르도록 할 수 있다. 찾고 있는 올바른 혹은 잘못된 대답은 없다. 단지 탐색하는 것이다. 탐색은 개인이 자신의 마음에 무엇이 있는지를 인식하도록 도울 수 있지만 그들은 이전에는 그것에 주의를 기울이지 않았다.

내적 조직화의 위계에 대한 생각은 새롭지 않지만 PCT 위계의 독특성은 위계가 실제로 어떻게 작용하는지에 대한 상세한 묘사로 나타난다. 어떤 특정한 수준의 목표가 이보다 높은 수준의 통제 체계에 의해 설정된다는 것을 아는 것은 중요하고 직접적인 임상적 함의를 지니고 있으며 이에 대해서는 이후 장들에서 설명할 것이다. '왜?'와 '어떻게?'라는 질문을 사용함으로써 인식이 수준의 위아래로 이동하는 방식을 분명히 설명하는 것이 특징적이며, 임상 실제를 위한 핵심적인 지식을 제공한다.

08

갈등

현재의 모델, 개념화, 질문지에서 내재적으로만 다루어지는 경향이 있는 정신건강 문제의 한 측면은 심리적 고통의 발현에 관한 것이다. 질문지에서 기술되는 문항들은 본래 고통스럽다는 진술되지 않은 가정이 있는 것 같다. 예를 들면, 소리를 듣는 것은 그 자체로 고통스러운 것임에 틀림없다는 생각이 있다. 하지만 우리는 정신건강 장애의 모든 고통스러운 증상에 대해서 일반 표집에서 그 증상을 가지고 있지만 그것으로 인해 고통스럽지 않은 사람을 찾을 수 있다고 주장한다. 어떤 사람들은 소리를 듣지만 그 소리로 인해 고통스럽지는 않다. 어떤 사람들은 다른 사람의 동반과 감시를 피하고 싶어 하지만 그것이 그들을 괴롭히지는 않는다. 어떤 사람들은 복잡한 규칙과 습관을 가지고 있지만 이것들로 인해 고통스럽지는 않다.

그러므로 우리는 정신건강 장애의 증상들이 본질적으로 고통스러운 것은 아니라고 제안한다. 이는 많은 질문지에서 일반적으로 인정되지 않는다. 모든 일에 애를 쓰고 있다고 얼마나 자주 느끼는지, 인생이 무의미하다고 얼마나 자주 생각하는지, 혹은 다른 사람이 자신을 부정적으로 평가하고 있다고 얼마나 자주 생각하는지와 같이 다양한 증상에 대해 묻는 많은 질문지들을 찾을 수 있다. 하지만 이러한 증상들로 인해 괴로운지를 묻는 질문들은 찾기가 어렵다. 어떤 사람은 삶이 무의미하다고 생각하고 고통스럽고 이로 인해 마음이 상하지만 다른 사람은 삶이 무의미하다고 생각하고 이를 세계의 자연적인 질서로 평화롭게 받아들일 수도 있다. 만약 사람들이 '편집증적으로 느끼는 것(혹은 우울 혹은 사회공포증 혹은 ……)에 대해 무엇이 고통스러운가요?'라고 질문한다면 우리는 문제의 핵심에 조금 더 빨리 다가갈 수 있을 것이다.

고통을 유발하는 것이 반드시 증상 그 자체는 아니다. 그러나 다른 어떤 기저의 고통의 근원을 드러낼 수 있는 가능한 영역이다. 통제 이론의 관점에서 보면, 심리적 고통과 관련해서 '상대성'의 원리가 있다. 다른 생각, 행동 혹은 감정과 비교해서 상대적으로 고려될 때 무언가가 고통스러운 증상일 수 있다는 것이다. 보다 구체적으로, 고통의 증상은 한 사람의 사적 목표와 비교해서 고려될 수 있다. 만약 누군가 삶이 풍요롭고 목적의식이 있기를 바란다면 그는 무의미한 삶에 대해 생각하는 것으로 고통스러울 것이다. 동시에 누군가 타인이 함께 있기를 갈망한다면 사회적 접촉을 피하는 것에 대해 고통스러울 것이다. 따라서 고통은 개인이 목표를 실현할 수 없을 때 생겨난다.

따라서 고통의 공통 원인은 두 개의 양립불가능한 목표를 동시에 추구하는 것이다. 누군가는 보람 있는 직업을 추구하기를

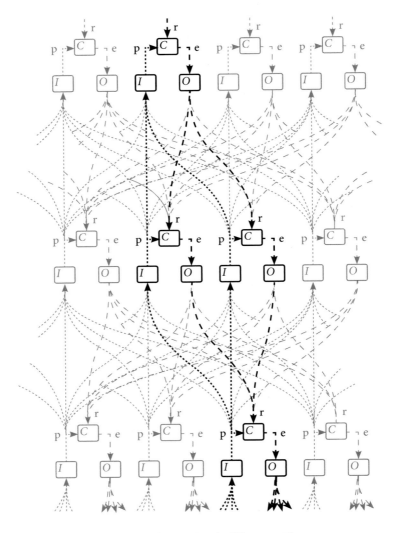

[그림 8-1] 내적 갈등에 대한 PCT 모델

(Carey, T. A.의 허가하에 『The Method of Levels: How to do psychotherapy without getting in the way』에서 재인용, www.livingcontrolsystems.com)

원하지만 또한 따뜻하고 친밀한 가족관계를 만들어 가기를 원한
다. 누군가는 스스로 결정하기를 원하지만 또한 사랑하는 사람
의 인정을 원한다. 만성적인 심리적 고통이 있을 때는 항상 서로
다투고 있는 두 개의 양립불가능한 목표가 있을 가능성이 있다.
따라서 어떤 목표도 실현되지 않는다!

  이러한 종류의 갈등에 대한 인식은 일반적으로 그리고 보다
구체적으로 임상 현장에 만연해 있다. 많은 일상적 표현과 구어
적 표현이 갈등을 반영한다. 진퇴양난, 양날의 칼, 케이크를 먹
으면서 동시에 가지고 있기, 빼도 박도 못하는, '먹이 주는 사람
의 손을 물다'가 우리가 갈등을 표현하는 많은 예이다. 이러한
내적 갈등의 다른 예로는 마음이 두 갈래이다, 딜레마에 빠지다,
우왕좌왕, 우유부단한, 결심하기 어려운, 자신과 싸우는 그리고
대안 사이에서 왔다 갔다 하는 등이 있다.

  현재의 많은 치료적 접근 역시 갈등의 중요성을 인정한다. 동
기 강화 상담(Motivational Interviewing)은 알코올 및 약물을 사
용하는 것과 같은 특정 행동에 대해 갈등에 처해 있는 사람들
의 양가감정을 기술한다(Rollnick & Miller, 1995). 수용전념치료
(Acceptance and Commitment Therapy: ACT)는 자신에 대항해서
전쟁을 벌이는 사람을 기술한다(Hayes et al., 1996). Stiles의 동화
모델(Assimilation Model)은 우리가 서로 다투는 목소리를 가지고
있다고 제안한다(Stiles et al., 2008). 그리고 Wells의 메타인지 모
델(Metacognitive Model)은 걱정에 대해 '두 갈래 마음'이 있는 사
람들에 대해 논의한다(Wells, 2000). 그러므로 다양한 접근에서

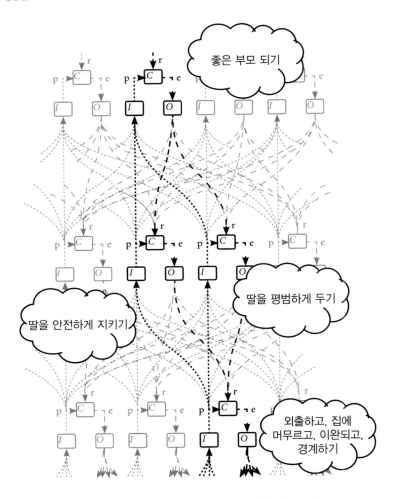

[그림 8-2] 부모됨의 임상 사례로 묘사한 갈등 모델

갈등이 존재하는 것으로 언급한다. 하지만 심리적 고통을 이해하고 다루는 데 갈등을 중심에 두는 것이 완전히 이해되지는 않은 것 같다.

통제 이론의 관점에서 갈등은 적어도 3개 층의 통제 체계 위계와 관련된다([그림 8-1] 참고). 상위 수준에서, 신호는 바로 아래 수준으로 보내지고 그 결과 양립불가능한 목표가 설정된다. 예를 들면, 어떤 사람이 타인에게 친절하면서 자신의 감정을 표현함으로써 좋은 사람이 되려고 노력한다. 속상한 것에 대해 친구에게 정직해야만 하는 상황에서 이러한 목표들은 갈등한다. 그 사람은 말문이 막히고 우유부단하며 이 상황을 어떻게 해결할지 모른다. 따라서 중간 수준의 갈등이 되는 목표들은 아래 수준으로 신호를 보낸다. 그러면 예측할 수 없게 흔들리고 달라질 것이다. 그럼 갈등은 맨 아래에서 증상의 수준, 중간에서 양립불가능한 목표의 수준, 바로 위층에서 갈등을 일으키는 수준과 관련된다. 갈등의 해결은 이 가장 높은 수준이 아래로 보내는 신호를 바꿀 때 일어날 것이다.

Carey(2008)는 3수준의 갈등 모델을 반영하는 몇몇 임상 사례를 기술한다. 예를 들면, 한 내담자가 부모로서 자신에게서 발견한 딜레마를 기술했다. 그녀는 딸에게 보통의 일을 하도록 두기를 원했지만 또한 딸을 안전하게 지키기를 원했고 딸을 집 밖에 두지 않았다. 이처럼 갈등이 되는 목표는 불안, 공포, 과민성을 야기하고 있었다. 여기서 갈등이 되는 목표들은 좋은 부모가 되는 것과 관련한 체계인 것 같다([그림 8-2] 참고). 다른 내담자는 머릿속에 공포스러운 생각과 이미지를 가진 '괴짜'가 된 것 같은 느낌을 묘사했다. 그 내담자는 괴짜가 되고 싶지 않다고 보고했으며 사회공포증과 경계선 성격장애라는 명칭으로 요약될 수 있는 다양한 문제를 가지고 있었다. 하지만 내담자는 어떤 면에서는 그녀가 '괴짜'인 것을 좋아했다고 인정했다. '괴짜'인 것의 기이한 면을 볼 수 있는 감각이 있었으며 또한 '정상적'이지 않은 것에 어떤 긍정적인 면도 있었다. 따라서 '괴짜'인 것에 대한 그녀의 갈등 위에는 자기 정체성을 통제하는 체계가 있다.

갈등의 흥미로운 특성은 갈등하고 있는 체계들이 깨지거나 병들거나 역기능적이지 않다는 것이다. 사실, 그건 완전히 반대이다. 통제 체계가 더 좋을수록 갈등이 더 강할 가능성이 크다. 하나의 통제 체계가 그 오차를 교정하려고 시도할수록 다른 통제 체계의 오차를 증가시킨다. 그러면 두 체계는 자신의 오차를 최소화하려고 시도하지만 그렇게 할 때 다른 체계의 오차를 증가시키고 있는 것이다. 결국 두 체계의 결과물은 극에 달해서 그 체계는 효과적으로 통제할 수 없다. 그러므로 극단적인 갈등의 취약한 특성은 갈등이 개인의 레퍼토리 내에서 두 개의 통제 체계를 효과적으로 무력화시킨다는 것이다. 매우 발달된 과정을 통해서 사람들이 스스로 갈등을 생성하는 숙련된 방식의 임상 사례에는 완벽주의, 걱정, 신체적 불편감에 대한 예민한 자각 등이 있다.

갈등의 개념은 심리치료 영역에서 현재 몇 가지 현상을 설명하는 데 도움이 될 수 있다. 예를 들면, 중독을 극복하기 위해 지나치게 열심히 노력하고 있는 사람이 다시 중독 행동에 빠질 때 극적인 '재발'을 보일 것이다. 그 사람이 음주를 멈춘 동안 '문제에 대처하기 위해 알코올을 사용하기'라는 목적이 한동안 억제되어 있었지만 사라지지 않았기 때문에 재발하면 억제된 목표가 유리하게 되어 이러한 일이 일어난다. 이러한 종류의 반동효과는 흔하며 갈등이 있는 통제 체계의 모델 내에서는 예측가능하다. 따라서 갈등 모델에 익숙하면 재발 방지 프로그램이 개선되고 치료자는 사람들이 중독 문제 아래에 있는 심층적인 목표에 주의를 기울이도록 안내할 수 있을 것이다. 사람들이 치료에 참여하기 꺼려 하는 것 역시 종종 갈등을 시사할 수 있다.

그러므로 심리적 고통은 내적 갈등으로부터 생겨난다. 갈등 경험은 사람마다 다르지만 기저에 공통된 형태를 가지고 있을 것이다. 해결 과정이 동일할지라도 갈등의 해결 역시 해결책과 해결하는 데 걸리는 시간이 다를 것이다.

09

재조직화: 비선형적 변화 과정

어른이 될 때까지 우리는 종종 문제를 해결하는 많은 효과적인 방법들을 배워 왔다. 사람들이 새로운 대안을 만들어 내도록 돕거나 다양한 가능성 중에서 가장 적절한 대안을 선택하도록 돕는 유용한 전략들은 아주 많다. '브레인스토밍' 그리고 '손익분석'과 같은 기법들은 사람들이 상황을 더 잘 인식할 수 있도록 도울 수 있으며 따라서 적절한 해결책을 더 분명하게 볼 수 있고 생각해 낼 수 있다.

문제를 해결하고 변화 방법을 발견하는 것은 효과적인 심리적 기능에 근본적인 것이다. 따라서 이 역시 심리치료의 핵심 부분이지만 변화에 대한 그럴듯한 모델은 아직 많지 않으며 가용한 많은 심리이론에서 찾기 쉽지 않다. 대부분의 심리치료에서 전달하는 바를 보면, 변화의 선형 모델이 맞는 것처럼 보인다. 마치 한 개인이 심리적 고통을 해결할 방법이 단순한 방식으로 예측될 수 있는 것처럼 치료는 대개 미리 예정된, 규칙적으로 계획된 회기에서 제공된다. 일어날 수 있는 갑작스러운 변화 혹은 치료 초기에 일어날 수 있는 변화는 이례적이고 단지 피상적인 것으로 간주된다.

변화 과정의 단순한 설계에 따른 작업이 대중적임에도 불구하고, 선형 변화 모델은 실제로 변화가 일어나는 방식을 정확하게 반영하는 것 같지 않다. Adele Hayes와 동료들(2007)은 자연의 많은 체계에서 변화는 격변과 불안정성이 특징이며, 성장과 발달은 종종 갑자기 그리고 극적으로 일어난다고 주장한다.

그러므로 갑작스럽고 오래 지속되는 변화를 포함해서 다양한 효과를 만들어 낼 수 있는 변화 모델이 필요하다. 게다가, 심리적 고통의 해결에 필요한 변화는 매우 다루기 힘든 문제를 해결할 수 있는 전략이어야 한다. 심리적 고통이 발생하는 많은 딜레마에 대한 해결책은 존재하지 않는다. 예를 들면, 사람들을 행복하게 만들고 동시에 당신의 마음을 이야기하는 방법은 없다. 필요한 것은 새로운 해결책을 만들어 낼 수 있는 변화 기제이다.

1950년대에 지각 통제 이론(PCT)을 발전시키면서 Powers는 통제 체계가 구성되고 만들어지는 방법에 대한 그럴듯한 설명을 발전시키려고 하면서 이러한 많은 어려움에 직면했다. 여기서 요구되는 학습 전략은 기본적이어서 그 자체로 학습될 필요가 없는 것이었다. Powers는 시행착오의 무선적인 과정을 통해 통제를 성공적으로 회복할 수 있는 기능적 모델을 발전시켰으며, 이는 컴퓨터 시범을 통해 검증되었다(Powers, 1973, 2005, 2008). Powers는 이 모델을 '재조직화'라고 불렀다. 근본적인 생각은 체계에 만성적인 통제 상실(오차)이 있을 때 재조직화 기제가 체계에서 무선적인 변화를 만들어 내기 시작한다는 것이다. 만약 변화가 오차를 감소시키는 효과를 가진다면, 그때 그러한 변화 전략은 다시 오차가 증가할 때까지 지속된다. 만약 변화가 오류를 감소시키지 않는다면, 다른 무선적인 변화가 생성된다.

따라서 이러한 무선적인 시행착오 과정에 필요한 특성이 있다. 이것은 학습될 필요가 없는 근본적인 전략이다. 무선적이기 때문에 장기간에 걸쳐서뿐만 아니라 짧은 시간 내에도 변화를 만들어 낼 수 있어야 한다.

재조직화 체계는 옳거나 그른 혹은 좋거나 나쁜 것을 알지 못한다. 그것은 오직 오차 감소를 추구한다. 그러므로 반드시 가장 좋은 해결책을 첫 번째로 제시하지는 않을 것이다. 하지만 유기체는 체계 내에서 오차를 감소시키기 위해서 살아남는 한 계속해서 변화를 만들어 낼 것이다. 다시 말하면, 우리는 모두 계속해서 재조직화하고 있다.

이 강력하고 명쾌한 체계는 중요한 임상적 함의를 가지고 있다. 예를 들면, 변화는 갑자기 일어날 수 있으며 완전하게 계속 지속될 수 있음을 시사한다. 또한 가장 좋은 해결책이 반드시 첫 번째로 나타나지는 않음을 시사한다. 사실, 재조직화가 시작될 때 개인은 상황이 더 나아진다기보다는 악화되고 있다고 느낄 수도 있다. 실제로, 어떤 때는 혼란, 불확실성, 정서성에서 약간의 악화 혹은 증가가 재조직화가 작용하기 시작했음을 알려 줄 수 있다. 효과가 없는 치료를 경계하는 것도 중요하지만 효과를 낼 때 재조직화를 계속해서 촉진하는 것 역시 똑같이 중요하다. 기대되는 것에 대해 미리 내담자에게 조언하는 것이 그들을 준비시키고 어려운 시기에도 계속하도록 도울 수 있는 정보를 제공하는 유용한 방법일 수 있다. 우리는 임상 실제에서 사용해 온 MOL에 대한 정보지 예를 제공하고 있다(부록 3 참고). 재조직화가 반드시 치료자 눈에 띄게 치료 회기 동안 일어나지 않을 수도 있음을 기억하는 것 역시 중요하다. 재조직화는 인식 뒤에 일어난다. 치료의 목적은 인식의 전환을 촉진하는 것이다. 그럼으로써 내담자는 재조직화에 의해 생성된 새로운 관점을 얻을 수 있다.

체계의 재조직화는 임상가에게 낙관적인 태도를 제공한다. 말 그대로 변화는 코앞에 있을 수 있다. 우리는 변화를 견딜 수 없이 오랜 기간에 걸쳐 점진적으로 개선이 이루어지는 장기적이고 느린 과정이라고 볼 필요가 없다. 어떤 변화는 그럴 수 있지만 중요한 것은 변화 과정이 반드시 그럴 필요가 없다는 것이다. 사실, 뉴런(neuron)의 활동에서 어떤 것도 장기간에 걸쳐 일어나지 않으며 심리적 고통은 단 하나의 고통스러운 사건 후에도 나타날 수 있다. 고통이 그렇게 빨리 일어날 수 있다면, 왜 우리는 아주 사라질 수도 있다고 기대해서는 안 되는가? 어떤 사람에게는 지속되는 변화가 밤 사이에 일어날 수도 있다. 그것을 당신의 목표로 설정하면 왜 안 되는가? 그리고 모든 내담자에게 그것을 목표로 삼으면 왜 안 되는가?

재조직화는 정신병리의 공통 증상을 이해하는 새로운 관점을 제공해 준다. 예를 들면, Powers는 재조직화가 가장 잘 작동하는 최적 범위가 있다고 제안했다. 만약 재조직화가 너무 느리게 변화를 생성한다면, 내담자는 오차를 감소시킬 수 없어 포기하고 우울해지며 움직이지 못한다. 사실, 이것이 심각한 우울증인가? 다른 한편으로, 만약 조직화가 너무 빨리 일어나면 내담자는 다른 변화가 생성되기 전에 새로운 변화를 경험할 기회를 갖지 못한다. 정신증의 어떤 경험은 너무 빠른 변화와 재조직화의 표현일 수 있는가?

재조직화 과정을 변화에 대한 강력한 설명으로 여기면, 임상가는 치료에서 훨씬 많은 것을 기대하기 시작한다. 빠르고 효과적인 변화는 길고 느린 변화만큼 적절하며 가능한 것으로 간주될 수 있다. 내담자의 시간에 따른 변화는 변화가 어떻게 일어나는가에 대해 외적으로 부과된 기대라기보다는 기준이 될 수 있다. 또한 재조직화 과정에 대한 지식은 반짝이는 새로운 날이 지평선 바로 너머에 있을 것이라는 지식과 함께 일이 더 암울해지는 것처럼 보일 때에도 임상가와 그 내담자가 지속하도록 도울 수 있다. 재조직화 과정은 포기하는 방법을 알지 못한다!

10

자각과 상상

자각은 인간 경험 중에서 가장 매혹적인 하지만 가장 잘 이해되지 않는 영역 중 하나일 수 있다. 자각의 경험은 부인할 수 없지만 무엇이 자각인가 그리고 더 중요하게는 무엇에 대한 자각인가? 이 책에서 우리는 PCT가 제안하는 자각의 한 가지 기능에 대해 논의할 것이다.

아마도 자각의 가장 흥미로운 측면은 그것의 유동성이다. 언제라도 우리는 넓은 범위의 경험을 자각하게 될 수 있다. 당신이 이 단어들을 읽을 때 당신은 페이지에 있는 글자들을 인식할 것이다. 하지만 당신은 현재 보고 있는 내담자, 이 책을 읽는 것을 마쳤을 때 당신이 해야만 하는 일 혹은 당신이 어젯밤에 보았던 대단한 영화 혹은 당신이 앉아 있는 의자가 얼마나 편안한지 등등에 대해 생각하고 있을 것이다.

자각은 삶의 다양한 측면을 우리에게 강조하면서 우리의 마음을 멋대로 옮겨 다닐 수 있는 것 같다. 한밤중에 손전등만 하나 가지고 커다란 고딕 성당에 서 있는 것이 자주 사용되는 한 가지 비유이다. 당신이 손전등을 주변으로 움직이면 성당의 다양한 부분들이 보일 것이다. 그러면 당신은 한 번에 하나씩 성당의 작은 조각들만을 볼 것이다. 하지만 모든 성당은 거기 내내 존재하고 있다는 것을 명심하는 것이 중요하다.

어느 특정한 시점에 우리는 우리 전체 중 작은 부분만 자각한다. 나머지는 여전히 거기 있다. 하지만 그것은 적어도 이 특별한 '현재' 동안은 자각 밖에 있다. 자각에 대해 이런 식으로 생각함으로써 심리치료에 대해 무언가 새로운 통찰을 얻을 수 있다. 예를 들면, 우리가 머릿속에서 생각이 '불쑥 나타나는' 경험을 할지라도 우리는 그것들에 주의를 기울이지 않고 있을 수 있다. 실제로 일어나고 있는 것은 자각이 위계의 서로 다른 측면을 휙 지나가는 것이다. 유사하게, 우리가 생각이 '쏜살같이 가는' 경험을 할 때 사실 쏜살같이 가는 것은 생각이 아니라 우리의 자각이다. 다른 예로서, 우리 마음속에 노래 하나가 계속 반복될 때 (적어도 노래가 연주되고 있는 동안에) 빠져나갈 수 없는 것은 노래가 아니라 자각이다.

자각의 유동성으로 인해 움직이는 것이 무엇인지 생각하는 것은 헷갈린다. 바깥의 소리를 강조하는가? 아니면 당신이 방금 했던 생각의 함의인가? 아니면 내일 있는 약속인가? 자각의 한 가지 흥미로운 측면은 자각의 자동성인 것 같다. 그리고 자각에 의해 인식되는 것들의 한 가지 공통적인 특징은 어느 정도의 '오차'이다. 즉, 우리는 딱 맞지 않는 일들 아니면 아마도 특정한 순간에 가장 많이 '맞지 않은' 일을 주목하는 것 같다. 또한 우리는 어느 정도의 정서성이 일어나는 영역을 주목하는 것 같다. 하지만 이 역시 가장 '맞지 않은' (혹은 오차인) 영역에 대한 신호로 이해될 수 있다.

통제 이론의 관점에서 오차는 '나쁜' 것을 의미하지 않는다는 것을 기억하는 것이 중요하다. 그것은 단지 '기대되는 또는 계획된 가치와 다르다'는 것을 의미한다. 만약 당신이 6주의 시간 동안 꿈 같은 휴가를 계획했다면 꿈의 목적지에 있는 당신을 상상하고 그것을 지금 현재 당신이 처한 것과 비교할 때 오차가 있을 것이다. 통제 이론은 치료에서 종종 요구되는 대로, 우리가 어떻게 경험을 상상해 갈 수 있는지 그리고 그것을 어떻게 마음의 눈에 담고 있을 수 있는지 상세히 설명한다. 근본적으로 통제 위계는 짧아져서, 반절이 되어서 어떤 지각에 대한 저장된 이미지가 마치 그 순간에 일어나는 것처럼 재현되게 할 수 있다. 낮은 수준의 체계(예: 말하기)는 동시에 계속될 수 있다. 이 과정의 기술과 관련해 상세히 설명하는 것은 이 책의 범위를 벗어난다 (Powers, 1973, 2005 참고). 하지만 이러한 종류의 내적 과정이 체계적인 방식으로 모형으로 만들어질 수 있음을 인식하는 것은 중요하다. 적절한 개입이 있으면 목소리, 충동, 그리고 심상과 같이 상상 내의 특이한 지각적 경험이 어떻게 보다 유연하게 통제되는지, 따라서 더 적은 고통을 야기하는지 이해하는 데 도움이 될 수 있다.

만약 자각이 그 순간에 오차가 가장 큰 곳으로 움직인다면, 이는 사람들이 왜 자신의 문제에 대해 생각하는 데 그렇게 많은 시간을 보내는지 설명해 줄 것이다. 그들이 느끼는 고통은 많은 양의 오차를 나타내고 있다. 하지만 당신이 내담자에게 그들의 문제에 대해 상세히 질문할 때 이는 잠시 다른 체계에서 오차를 생성하는 효과를 가지는 것 같다. 예를 들면, '내가 그것에 대해 그렇게 말할 때 미친 것처럼 들린다'는 메타 논평은 그들이 원하는 방식과 그들이 말할 때 보이는 방식 간에 어떤 오차가 있음을 나타낸다. 실제 영역에서 우리는 변화를 촉진시키기 위해 MOL이 어떻게 자각을 변환시키는 작업을 하는지 다룰 것이다.

따라서 자각은 오차에 끌리는 것 같다. 치료는 많은 오차를 다루기 때문에 치료적 관점에서 아는 것은 중요하다. 자각의 다른 중요한 측면은 문제 해결에 직접적으로 관여되는 것 같다는 것이다. 자각하지 않고 사람의 마음을 변화시키거나 혹은 새로운 기술을 배우거나 혹은 '아하!' 하는 순간을 갖는 것은 가능한 것 같지 않다. 이것이 PCT 관점에서 재조직화는 자각 뒤에 나타난다는 것이 일반적인 원리인 이유일 것이다. 따라서 어느 순간에라도 자각이 있을 때 그 특정 영역에서 통제를 개선하는 작은 변화를 만들어 내는 재조직화 역시 있을 것이라고 가정할 수 있다. 우리는 다음 장에서 이를 더 상세히 기술할 것이다. 하지만 치료에 대한 함의는 분명하다. 즉, 문제의 근원으로 자각이 이동할 필요가 있으며 충분히 오랫동안 거기 있어야 한다는 것이다. 그래야 만족스러운 해결책이 발견되고 통제가 회복될 수 있도록 재조직화가 충분한 대안을 만들어 낼 수 있다.

11

임의 통제가 갈등으로 인한
고통을 유지시킨다

만약 만성적인 갈등으로 인해 통제 상실이 일어나고 이것이
심리적 고통과 정신건강 문제를 야기한다면, 이 갈등을 야기하
고 유지시키는 것은 무엇인가? 그것은 자각이 어디에서 오는가
이다. 아주 단순하게, 그것은 갈등에 대한 자각의 부족이며, 이
는 다시 재조직화가 갈등을 감소시키는 데 필요한 변화를 만들
지 못하게 한다. 통제 이론 내에, 이러한 요소들이 결합되는 방
식에 대한 특수한 용어가 있는데, 임의 통제이다. 우리는 같은
과정을 기술하기 위해 '융통성 없는 통제'라는 용어 또한 사용해
왔다.

임의 통제는 통제 시도가 만들어 낼 다른 중요한 목표와의 갈
등을 무시하는 방식으로 경험(예: 느끼기, 생각하기, 일상적인 일,
타인)을 통제하려는 시도이다(Powers, 1973, 2005; Mansell, 2005).
이는 개인 간에도 일어날 수 있고 개인 내에서도 일어날 수 있
다. 사람들 간에 일어날 수 있는 좋은 예는 타인의 소망에 관계

없이 자신의 목표를 위해 타인을 통제하려고 시도하는 것이다. 강요와 조종이 그 예이다. '지나치게 통제하기' '거부하기' 혹은 '간섭하기' 양육이 성인의 정신적 고통을 예측한다는 중요한 증거가 있다(예: McLeod et al., 2007). 통제 이론은 이러한 각각의 양육방식이 부모가 아이의 적절한 욕구보다 자신의 목표를 우선시하는 임의 통제를 반영한다고 가정한다. 우리는 이러한 양육방식을 경험한 아이들이 성인이 될 때 그들은 자연스럽게 자신의 느낌, 생각, 그리고 타인에 대해 이와 똑같은 접근을 취하는 경향이 있다고 제안한다. 이 역시 사람마다 다르게 보이지만 정서 억제, 자신의 욕구 통제, 자기 비난, 걱정, 위험 추구, 2장에서 개관했던 다양한 범위의 행동과 사고방식 모두로 나타날 수 있다.

임의 통제는 많은 사람에게 익숙한 경험이다. 사실, 무언가를 이루기 위해 '너무 열심히 노력'하고 있다고 혹은 자신에게 무언가를 하도록 강요하고 있다고 느껴질 때마다, 애쓰고 있다는 느낌은 당신이 현재 자각하지 못하고 있는 다른 통제 체계에 의해 만들어지고 있을 가능성이 크다. 다시 말하면, 갈등을 야기하고 있는 어떤 다른 목표가 있다는 것이다. 예를 들면, 테니스 경기에서 열심히 하거나 1500m 경기에서 개인 최고 기록을 깨기 위해 열심히 할 때 나타나는 또 다른 종류의 '열심히 하기'도 있다. 이것은 임의 통제와 다르다. 임의 통제의 '열심히 하기'는 너무 부자연스럽다. 왜냐하면 그 사람에게 열심히 하고 있는 것과 완전히 반대되는 것을 원하는 다른 부분이 있기 때문이다. 사실,

당신이 자각하고 있는 부분만큼 열심히 하는 다른 부분이 있다. 하지만 이 다른 부분은 그 순간에 자각으로부터 숨어 있다. 예를 들면, 누군가에게 예의 바르게 대하려고 열심히 노력하는데 사실은 그를 별로 존경하지 않을 때 혹은 사실은 담배 한 갑을 더 원하는데 사지 않으려고 열심히 노력할 때이다. 이러한 상황에서, 자각 밖에서 작동하고 있는, 어떤 전적으로 실용적인 이유 때문에 그 순간에 추구하는 것과 정반대인 목표를 원하는 다른 통제 체계가 있기 때문에 열심히 하고 있다는 느낌이 든다. 사람들이 치료에서 '열심히 하는 것'에 대해 이야기할 때는 숨어 있는 갈등이 있을 가능성이 크며, 그 사람에게 그들이 이루기 위해 가장 열심히 하고 있는 한 가지 일을 집요하게 계속하는 것보다는 그들에게 중요한 다양한 일에 대해 자각하도록 도움으로써 개선(재조직화)이 이루어질 수 있다.

임의 통제의 예를 실제 내담자인 '리사'를 참고하여 제시할 수 있다. 그녀는 극심한 불안 경험을 호소하며 치료에 왔다. 때때로 너무 안 좋아서 일을 하기 어렵다고 느꼈다. 그녀는 자신의 어려움이 특히 일에서 '완벽'해야 하는 목표에 도달할 수 없을 것 같은 느낌과 관련되어 있다고 말했다. 그녀는 직장에서 새벽까지 회의와 발표를 준비함으로써 완벽하려고 하는 극도의 노력에 대해 묘사했다. 치료에서 그녀는 이 목표를 성취하기 위해 들이는 시간의 양이 배우자를 만나고 자신의 가족을 갖는 다른 중요한 목표를 이룰 가능성을 위태롭게 하면서 친구, 가족과 시간을 보내는 것을 놓치게 만든다는 것을 자각하게 되었다. 나중에 이 책의 실제 영역에서 리사가 받은 MOL 치료의 예를 제시할 것이다.

그럼, 임의 통제는 특정 목표에 도달하려는 시도이지만 적어도 똑같이 중요한 다른 많은 목표에 대해서는 도움이 되지 않는 결과를 내는 방식으로 이루어진다. 사실, 우리 모두 삶에서 무언가에 대해 임의 통제를 가할 수 있다. 왜냐하면 우리가 자신을 위하여 야기하는 모든 가능한 갈등을 자각하기에는 시간이 제한적이기 때문이다. 예를 들면, 직장 동료 앞에서 화를 내지 않으려고 노력하지만 그렇게 함으로써 그들의 지원을 얻어 낼 수 없다. 하지만 이러한 경향이 오래 지속되고 여러 가지 방식으로 적용될 때 그것은 매우 해로울 수 있다. 예를 들면, 어떤 감정을 느끼지 않으려고 노력하는 사람은 이러한 정서들이 유용할 때 혜택을 볼 수 없다.

분노를 억제하는 것은 주장성에 대한 욕구와 갈등할 수 있고, 공포를 억제하는 것은 실제 위험에 대한 효과적인 판단과 갈등할 수 있다. 사람들은 의도적으로 임의 통제를 사용하려고 작정하지는 않지만 부정적이고 의도하지 않은 결과에 대한 자각이 부족하기 때문에 그렇게 한다. 특정한 사고방식을 사용하는 경향성이 임의 통제가 일어날 가능성을 더 크게 만들 수도 있다. 예를 들면, '충동적'이라고 묘사되는 사람들은 매우 빠르게 행동하지만 그 순간에 그들의 행동이 다른 목표에 미치는 영향을 고려하지 않는다. 반대로, '강박적'이라고 묘사되는 사람들은 삶에서 중요한 다른 목표들로 주의를 넓히지 않고 당면한 염려에 오랫동안 주의의 초점을 맞춘다(예: 강박적인 사고를 제거하기 위해서). 개인의 자기 개념(예: 자기 비난) 혹은 자기 자신(예: 자해와 자살)에게 해로울 수 있는 임의 통제 형태가 더 해로운 것이다.

임의 통제를 다루는 데 있어서 어려움은 그 경직성과 심각성만이 아니다. 내담자들은 종종 이러한 전략으로부터 큰 장점을 얻는다고 지각하고 동시에 다른 개인적인 목표를 약화시킬지라도 중요한 개인적 목표를 성취하기 위해 그러한 전략에 의존할지도 모른다. 여기서 핵심적인 예(리사의 사례에서처럼)는 완벽주의인데, 이는 직업 세계에서의 성공이라는 관점에서 보면 유리한 점이 있지만 종종 자기 비난과 관련되어 있으며 자아존중감 그리고 관계를 해롭게 하는 극단적인 노력과 관련되어 있다.

그러므로 우리는 효과적인 치료는 이 과정의 현시점 내에서 자각을 높이고, 이를 통해 다시 대처능력과 고통에 대한 수용력을 높이는 것을 필요로 한다는 것을 알 수 있다. 자신을 위해 이렇게 더 넓은 관점과 장기적인 목표를 자각하게 될 때 사람들은 통제하기 위한 대안적인 방식을 더 잘 만들어 낼 수 있다.

[그림 11-1]은 임의 통제가 중요한 개인적 목표를 방해하는 데 영향을 미침으로써 심리적 고통에 수반된 통제 상실을 어떻게 유지시키는지 보여 주고 있다. 이 그림에 통제 상실에 영향을 미치는 다른 요인들 역시 예시되어 있으며, 이는 6장에서 다루었다.

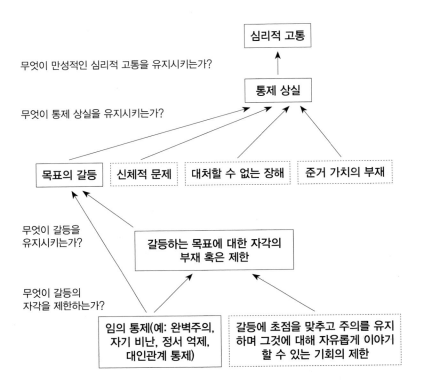

[그림 11-1] 임의 통제가 목표 갈등을 유지시키고 다른 요인과 함께 만성적 통제
상실과 심리적 고통에 영향을 미치는 과정에 대한 도해

12

유연한 통제를 회복하는 데 주의를 돌리기: CBT, 효과적인 치료, 자연적 회복의 공통 요인

우리가 지금까지 구성한 원칙들은 효과적인 치료 기제에 흥미로운 함의를 만들어 낸다. 심리적 고통이 갈등에 의해 야기된 만성적인 통제 상실에 기인한다고 제안해 왔다. 다른 장기적인 그리고 높은 수준의 목표에 미치는 영향을 완전히 자각하지 못한 채 끊임없이 경험을 통제하려고 노력할 때 이렇게 된다. 따라서 회복은 보다 근본적인 수준에서 통제를 회복하는 것이다. 이는 어떤 순간에 경험을 통제하기 위해 어떻게 노력하고 있는지 주목하고 현시점의 행위가 장기적인 목표에 어떤 영향을 미치는지 고려할 수 있도록 자각이 상승하도록 함으로써 이루어진다. 높은 수준의 목표에 의해 통제가 이루어질 때 더 융통성이 있으며, 동일한 목표를 성취하기 위해 사용할 수 있는 서로 다른 광범위한 수단이 있다. 낮은 수준의 목표를 성취하기 위해 노력하는 것이 가지는 영향을 고려하지 않고 보다 구체적인 낮은 수준의 목표를 가지고 인내하며 계속하는 것(예: 머릿속에서 10까지 세기, 먹는 것을 제한하기, 베개에 주먹질하기)과 반대된다.

효과적인 치료의 핵심 기제는 개인이 (개인의 핵심 개념과 원칙을 나타내는) 더 높은 수준의 목표를 자각하고 통제를 얻기 위해서 사용하고 있는 방법을 더 잘 자각하기 위해 현시점의 지각에 초점을 맞추도록 도울 수 있는 정도라고 믿는 합리적인 이유가 있다. 이 과정은 모두 유연한 통제를 회복하도록 돕는 것이며, 이는 다시 자연적 회복을 야기한다.

효과가 있는 모든 치료는 그렇게 하지 않았을 때 보다 더 오랫동안 현재 경험에 대한 자각에 초점을 맞추도록 돕는 수단을 가지고 있는 것 같다(Carey, 2011b). 행동치료는 두려워하는 대상에 대한 체계적인 노출을 사용하며, 인지치료는 현재 경험에 주의를 기울이도록 하기 위해 사고 포착과 행동 실험을 사용한다. 마음챙김과 수용 치료는 현시점의 내적 경험을 알아차리고 관찰하는 것에 중점을 둔다. 메타인지적 접근은 외부 지각에 초점을 맞추도록 장려하지만 현시점에 대해서도 중점을 둔다. 역사적으로, 정신분석은 회기에서 전이와 역전이의 현재 경험을 활용하며, 인간 중심 상담은 내담자가 자신의 현재 현상학적 경험을 묘사하도록 돕는 것을 중심으로 이루어진다.

분명히, 많은 치료적 접근에서 상위 수준 체계의 내용을 자각하게 하는 것이 중요하다고 제안한다. 이러한 체계들이 '도식'(Beck, 1967), '내적 작동 모델'(Bowlby, 1969), '메타인지 신념'(Wells, 2000), '개인적 구성개념'(Kelly, 1955), '무의식적 동기'(Freud, 1930), 혹은 '가치'(Hayes et al., 1996)와 같은 용어로 만들어졌다는 점에서 이론들은 서로 다르다. 하지만 각 예에서 이들은 종종 자각 밖에 있으며 장기간에 걸쳐서 영향이 나타나는 심층의 개념들을 나타낸다. 상세히 면담해 보면 자연적 회복 과정 역시 이 심층 수준에서의 변화를 수반한다(Carey et al., 2007; Higginson & Mansell, 2008; Gianakis & Carey, 2011). 이 연구에서 사람들은 자아정체성이 변하거나 발전하고, 보다 자비로운 사람이 되고, 세상을 보는 방식이 변한다고 보고했다.

통제의 형태로 일어나는 이러한 과정의 역동적인 구조가 그 명칭보다 더 중요하다는 것이 PCT의 전제이며, 이러한 구조는 PCT에 의해 세세한 항목으로 기술된다. 그러므로 우리는 내담자에서 통제를 가능하게 할 수 있는 가장 경제적이고 효율적인 방식을 목표로 삼아야 한다. MOL 치료는 PCT의 원칙에 기초한 범진단적인 인지치료이며 모든 효과적인 치료와 자연적 회복 내의 적극적인 변화 요소를 추출함으로써 이를 성취하도록 고안되었다.

13

대인 간 통제

우리는 인생이 어떻게 경험의 통제를 수반하는지 기술했다. 또한 통제가 보통 자동적으로 그리고 자각 밖에서 이루어짐을 설명했다. 우리는 다만 종종 갈등으로 인해서 통제가 작동하지 않을 때를 알아차리는 경향이 있을 뿐이다.

갈등을 만들어 내는 가장 일반적인 예는 우리가 타인을 통제하려고 할 때 혹은 타인이 우리를 통제하려고 하는 것을 경험할 때이다. 사실, '만사를 자기 뜻대로 하려는 사람' 그리고 '통제하려고'하는 사람에 대해 생각할 때 이것이 머릿속에 떠오르는 '통제'라는 용어에 대한 첫 번째 느낌이다. 실제로 이것은 통제가 전혀 작동하지 않는 예일 수 있다. 이는 사람들이 회사에서 화가 날 때 나타난다.

CBT가 치료자와 내담자가 공유하는 목표, 예를 들어 내담자의 안녕을 위해 서로 대항하기보다는 함께 일하는 것을 목표로 하는 '협동적 관계'라는 전제에 기초하는 것은 우연의 일치가 아니다. 협동적 관계가 왜 필요한지에 대해서 CBT 자체에서는 거의 설명하지 않는다. 우리는 이 문제를 설명하기 위해 통제 이론을 사용할 수 있다.

많은 장애에서 성인의 심리적 고통의 기원이 아동기의 경험에 있다는 것에는 의견이 일치한다. 이러한 경험들은 아동기의 기본적 욕구들이 방치로 인해 충족되지 않았거나, 또는 강력한 타인에 의해 억제되거나 통제되었다는 특징이 있다(McLeod et al., 2007). 따라서 내담자들은 자신의 욕구를 내담자의 욕구보다 우선시한 사람들이 주변에 있었던 역사가 있다. 치료는 내담자의 욕구를 첫 번째로 두면서 이루어져야 하며, 치료 기법은 이러한 기본적 입장이 방해받지 않는 방식으로 도입되어야 한다.

통제 이론에 따르면, 우리가 타인을 통제하려고 할 때 그것은 일종의 임의 통제이며 대개 역효과가 난다. 개인은 자신의 목표를 가지고 있으며 따라서 만약 당신이 통제하려고 하는 것이 그 사람에게 중요하다면 그들은 자신의 목표와 갈등을 경험할 것이기 때문이다. 아이가 고통스러워서 우는 것에 대해 부모가 아이에게 소리를 지르는 것이 예가 될 것이다. 단기적으로, 예를 들어 아이가 다시 소리를 지름으로써 통제를 재확립하려고 시도하고, 우는 것을 멈추게 하려는 부모의 시도의 효과를 감소시키려고 할 때 이 갈등은 반대의 통제에 부닥칠 것이다. 이는 권력을 가지고 있는 사람, 의존하고 있는 사람과의 관계에서는 거의 효과가 없다. 그러므로 장기적으로 아이는 고통스러울 때 위안을 추구하는 목표보다 부모의 보호를 유지하기 위한 목표가 더 중요하다는 것을 배우게 되고, 소리를 지르는 것이 고통스러울 때 우는 것을 억제하는 방법이라는 것을 그저 받아들일 것이다. 그러므로 아이는 고통스러울 때 도움받고 싶은 욕구가 충족되지 않으며, 나중에 고통스러울 때 아이는 계속해서 갈등을 경험할 것이다. 이러한 마음의 습관은 성인기까지 지속될 것이다.

이러한 견해에 따르면, 우리는 치료에서 일어나는 대인 간 통제에 민감해야 한다. 게다가, 다음 부분에서 더 정교화하겠지만 통제 이론은 협동의 불균형이 언제 어떻게 일어날 수 있는지 그리고 이를 어떻게 바로잡을 수 있는지 이해하는 데 이론적 수단을 제공한다.

14

순환적 인과성과 모델 구축

임상가로서 우리는 내담자가 현재 경험하고 있는 문제를 야기하는 중요한 요인을 규명하려고 한다. 심리적 어려움에 대한 현재의 많은 모델들이 이런 종류의 간단한 선형 접근을 반영하며 우리의 개념화 방식도 그러하다. 예를 들면, 특정 일화의 '유발인'을 확인하는 것이 보통이다. 게다가, 치료 초기에 정보를 수집하는 목적의 일부는 '편향된 인지'를 만들어 낸 중요한 사건이나 시기에 대한 그럴듯한 가설을 제시하는 것이다.

현재 CBT 모델에는 외부 사건이나 내적 기질이 특정한 행동을 야기한다는 생각이 내재되어 있다. 그러나 PCT에서 사용되는 모델은 일반 심리학에 존재하는 모델과 다르다. PCT의 기본 원리는 통계적 혹은 개념적 모델보다는 기능적 모델로 표현된다 (예: Powers, 2008). 기능적 모델은 다른 모델보다 더 강력하다. 기능적 모델은 종종 보다 근본적인 행동에 대한 것이며, 비기능적 모델보다 더 구체적이다. 여러 가지 면에서, 기능적 모델과 비기능적 모델을 비교하는 것은 불가능하다. 즉, 그들은 단지 다른 일을 한다. 아이가 그린 집 그림과 설계사의 집 평면도는 모두 집에 대한 모델로 여겨질 수 있지만 서로 다른 용도에서 유용하다. 벽에 걸려 있는 한 점의 예술작품으로서 아이의 그림은 아마도 대개 적절할 것이다. 하지만 예술작품이 걸려 있는 벽을 건설하는 방식에 대한 도면으로서는 설계사의 작품이 선호되는 모델일 가능성이 크다.

심리학적 실제가 기반하는 모델을 선택하는 것도 유사한 고려사항에 의해 영향을 받는 것이 당연하다. 기능적 모델은 비기능적 모델보다 더 정확하고 강력하지만, 정확성과 강력함이 중요한 고려사항인지는 임상가 각자가 판단할 문제이다. 기능적 모델에서 사용되는 용어가 비기능적 모델보다 더 간결하기 때문에 기능적 모델은 정의의 문제에 도움이 될 수 있다(Carey, 2011b). 예를 들면, 전통 심리학에서 어떤 것이 어떨 때는 자극으로 작용하지만 다른 때에는 그렇지 않을 때 나타나는 난제로 인해 '자극'처럼 단순한 것조차도 정의하기가 매우 어려울 수 있다. 동일한 추론이 '유발인'에도 적용된다. 어떤 것이 어떤 사람에게는 '유발인'이지만 다른 사람에게는 유발인이 아니며 어떤 상황에서는 '유발인'인데 다른 상황에서는 그렇지 않은 이유가 무엇인가?

중요한 관계가 간결한 양적 용어로 표현되는 기능적 모델 내에서는 이러한 어려움을 다룰 수 있다. 예를 들면, 어떤 사람들은 준거(r: 기준 혹은 목표)와 지각(p: 현재 경험의 표상) 간의 차이를 가리키기 위해 '오차'(e)라는 용어를 사용하는 것이 귀찮을 수 있다. 하지만 PCT에서 준거와 지각 간의 차이를 가리키는 것이 분명하다면 누군가는 더 편안하게 느끼는 용어를 사용할 수 있다. 중요한 것은 단어명이 아니라 관계($e=r-p$)이다.

기능적 모델을 구축함으로써 Powers(예: 2008)는 약간 놀라운 발견을 했다. 이 발견 중 하나는 이미 기술하였는데, 지각을 통제하는 행동이다. Powers의 다른 중심적인 발견은 생명체는 원인과 결과의 선형 법칙에 따라서 작동하지 않는다는 것이다. 생명체에게는 순환적 인과성이 어울린다. 이는 어느 한 순간의 행동을 이해하기 위해서는 현재 목표와 현재 환경 상태 모두 알아야 한다는 의미이다.

시작과 정지 그리고 원인과 결과의 관점에서 생각하는 습관이 있으면 순환적 인과성은 어려운 것일 수 있다. 순환적 인과성 이면의 진짜 메시지는 항상 원인 이전에 지속되는 무언가가 있었으며 결과 이후에 일어나는 무언가가 있다는 것이다. 단순한 눈 깜빡임 반사조차도 이 점을 예증할 수 있다. 눈 깜빡임 반사는 학습 과정에 대한 많은 연구에서 사용된다. 기본적 접근은 바람을 훅 불어서 눈으로 향하면 곧 깜빡임이 기록되는 것이다. 깜빡이는 시기가 다른지 보기 위해 바람을 훅 불기 전에 작은 소리가 들리는 것과 같은 변화가 도입될 수 있다. 하지만 늘 사소한 것에 문제가 존재한다. 예를 들면, 실험이 제대로 되기 위해서는 눈이 특정한 상태에 있어야 한다. 이 실험에서 거슴츠레한 눈은 쓸모가 없을 것이다. 또한 바람은 눈을 향해야만 한다. 뒤통수 뒤에서 바람이 불면 깜빡임을 유발하는 데 전혀 도움이 되지 않는다.

이런 것들이 왜 그렇게 중요한가? 아마도, 눈의 표면이 특정한 상태(특정 습도 수준을 지정한 준거에 의해 그 상태가 유지된다)에 있고 바람이 그 상태를 방해하는 것으로 나타났다. 깜빡임? 아마도 깜빡임은 눈의 표면을 바람 불기 전 상태로 회복시킨다. 그렇다면 원인과 결과가 어디에 있다고 경계를 짓는 것이 매우 임의적인 과정이다. 바람을 훅 부는 것이 원인인가? 그렇다면 그것이 정확히 무엇을 야기했는가? 그것은 눈의 표면의 습기가 변하도록 한다. 깜빡임이 결과인가? 그렇다면 그것은 눈 표면의 습도 수준의 변화 결과이다. 깜빡임 역시 원인인가? 물론이다. 깜빡임은 습도 수준이 바람 불기 전 상태로 되돌아오도록 한다.

이것은 심리치료와 심리적 고통의 해결과는 아주 거리가 먼 것처럼 보이지만 사실은 그렇게 멀지 않다. 우리는 심리적 고통이 통제 과정의 붕괴로 인해 일어난다고 제안하고 있다. 통제 과정은 지각, 비교, 행동으로 이루어진다. 순환적 인과론의 관점에서 우리는 이 세 가지를 비교, 지각, 행동, 혹은 행동, 지각, 비교 등의 어떤 순서로 이야기하든 익숙하다. 만약 어떤 순서가 조금 이상하게 들린다면, 그것은 직선적인 방식으로 생각하는 데 얼마나 익숙한지를 알려 주는 것이다. 이 세 가지 과정은 우리가 계속해서 숨을 들이쉬고 내쉬는 한, 항상 동시에 일어나고 있다.

그러므로 심리적 문제에 있어서 우리는 분명한 원인과 유발인을 찾는 데 시간을 들일 필요가 없다. 문제가 어떻게 그렇게 되었는지는 중요하지 않다. 보다 중요한 것은 문제를 계속 그렇게

유지시키는 것이다. 그리고 문제 유지 과정은 역동적이고 지속
적인 방식으로 일어나고 있다. 통제와 재조직화 과정을 이해함
으로써 원인과 결과에 대해 생각하는 것에서 벗어나서 일상의
만족스러운 삶이란 지속적이고 매끄러운 방식으로 특정한 상태
를 확인하고 생성하고 유지시키는 과정임을 인식하게 될 것이다
(Bourbon, 1995).

15

모든 것이 지각이다

1부에서 많은 원리들에 대해 다루었다. 이들 각각이 삶, 인간, 사회에 대한 견해를 기반으로 하며, 모두 독특하고 통합되어 있고 통제 이론에 근거한 개입의 토대가 된다. 이들을 모두 요약하기를 원하면 어떻게 해야 하는가?

'모든 것이 지각이다.'

물리적 법칙을 따르는 물리적 세계가 있다는 것을 알지만 우리가 가진 것은, 그리고 우리가 앞으로도 계속 가질 것은 그 세계에 대한 우리의 지각이다.

다양한 방식으로 세상에 영향을 미치고 행동할 수 있다는 것을 알지만 우리가 가진 것은 (그리고 우리가 계속 가질 것은) 그 행동에 대한 우리의 지각이다. 예를 들면, 시각을 통해 행동하는 우리 자신을 보거나 자기 수용 감각을 통해 우리의 사지와 관절의 위치를 느낀다. 우리는 근육으로 보내지는 신경 신호 혹은 근육이 수축하는 양에 대한 정확한 측정치에 대해서는 지각하지

못한다. 우리 신체 내에 있는 감각에서 오는 수축에 대한 지각만
이 있다.

행동을 상상하고 준비하고 혹은 실행할 때 우리가 인식하고
있는 것은 그 행동과 결과에 대한 지각이라는 것이 PCT의 견해
이다. 행동에 대한 객관적인 측정치는 없다. 행동주의 심리학자
들은 행동을 행위(예: 쓰기), 환경의 변화 뒤에 행위가 일어나는
시간(예: 반응시간), 혹은 근육 반응[예: 근전도 검사(EMG) 측정치]
의 범주로 분류하는 것에 대해 서로 다르다. PCT의 설명은 위계
에서 통제의 수준이 있는 것처럼 행동을 분류하는 방법도 매우
많다고 제안한다. 하지만 신경 신호가 근육과 분비선과 실제로
상호작용하는 것은 PCT의 위계에서 가장 낮은 수준에서만 이루
어진다.

그러므로 우리가 말하거나 듣거나 등등을 할 때 계속 지각, 비
교, 행동의 지속적인 순환이 있지만 우리의 자각에 있는 유일한
측면은 지각이다. 그리고 중요한 것은 이에 대한 통제이다. 이
원리는 우리가 나중에 기술하겠지만 개입을 구성하는 질문의 종
류를 안내해 준다. 개입은 자각을 이동시켜서 그들에게 중요한
지각에 주의의 초점을 맞추도록 돕는 것이며, 궁극적인 결과는
재조직화를 통해 시간이 지나면 그것들을 더 잘 통제하는 것을
배우게 되는 것이다. 이는 '당신의 팔이 아니라 공에 초점을 맞
추라고' 주장하는 테니스 코치와 같다. 이러한 입장은 치료자가
올바른 개입만 제공한다면 내담자의 행동이 조종될 수 있거나
통제될 수 있다고 생각하는 것에서 한 걸음 물러날 수 있도록 도

와준다. 이는 치료자가 문제행동 혹은 고통스러운 증상이 '고쳐져야 할' 대상이 아니라고 보도록 돕는다. PCT에 따르면, 필요한 변화는 내담자 자신에 의해 내부로부터만, 그리고 다양한 수준에서의 자각의 변화를 통해서만 가능하며, 이는 재조직화 과정을 통한 새로운 기술과 사고방식의 학습을 동반한다.

2부

실제

16

설정 조건: 내담자가 기꺼이 말하는 문제

통제 이론 접근에서 CBT는 사람들이 현재 붕괴되어 있는 삶의 영역에서 통제를 회복할 수 있도록 촉진하는 과정이다. 이 때문에 치료는 근본적으로 내담자가 논의할 주제를 책임지는 '자발적인' 과정이다. 내담자가 회기에 참여할 때마다 임상가는 가용한 시간 동안 내담자가 어떤 작업을 하고 싶은지 물으면서 시작한다. 그러면 내담자는 그들이 현재 고심하고 있는 영역을 기술하기 시작한다.

통제 이론 접근은 만약 사람들이 치료 명령을 받았다면 치료가 잘 되지 않을 수 있는 충분한 과학적 이유가 있다고 말한다 (11장 임의 통제 참고). 예를 들면, 법원에서 분노 조절 프로그램이나 알코올 프로그램에 참여하라고 명령을 받은 사람들이 있다. 치료가 분노나 알코올 남용 문제에 매우 효과적일 수 있지만 치료를 받을지 말지는 치료를 받는 사람에 의해서만 결정될 수 있다. 그렇긴 하지만 때로 그 사람이 말하고 싶어 하는 다른 부분이 있을 수 있다. 예를 들면, 분노가 문제라고 생각하지 않을 수 있지만 법정에 출두하는 것을 피하는 방법을 찾는 데는 관심이 있을 수 있다. 아니면, 그들이 실제로 참여하지 않고 싶었지만 아무튼 참여했다는 사실에 대해 기꺼이 말할 수도 있다. 이러한 접근은 아마도 부모가 문제라고 여긴 행동 때문에 부모에 의해 치료에 '보내진' 청소년에게는 특히 효과가 있을 수 있다. 청소년은 그 상황에 대한 부모의 평가에 동의하지 않고 그들의 행동을 문제라고 보지 않을 수 있다. 하지만 그들은 부모를 더 이상 괴롭히지 않는 데는 관심이 있을 수 있으며, 그 주제를 중심으로 한 논의는 유용할 수 있다. 그러나 결국 내담자가 말해야겠다고 생각하는 것이 없다면, 말하고 싶은 것이 있을 때 언제든지 되돌아오라고 내담자를 초대하는 것 외에는 사실 치료자가 할 수 있는 것이 거의 없다.

그러므로 CBT에 대한 통제 이론 접근은 참여와 통찰과 같은 주제에 대해 다른 접근을 가지고 있다. 마음을 열게 하는 최선의 일은 내담자에게 존중과 낙관을 전달하고 치료의 경험을 제공하는 것이라고 여겨진다. 만약 자신의 문제에 대해 이야기하는 것을 꺼리거나 양가적이라면, 이렇게 꺼리는 것에 대해 존중하면서 탐색할 수 있지만 치료자는 치료에 참여하지 않으려는 그들의 결정을 존중한다는 것을 내담자에게 전달할 것이다. 치료자는 내담자가 상황에 도움이 되기 위해 무엇이 필요한지 아는 유능하고 결정권이 있는 사람이라고 믿는다는 것을 태도와 행동으로 전달한다. 가끔 내담자에게 치료에 대한 정보와 무엇이 수반되는지에 대한 정보를 주는 것이 도움이 되지 않는다는 것은 아니다. 그러한 종류의 정보는 내담자에게 매우 도움이 될 것이지만 그 정보를 가지고 어떻게 할지를 궁극적으로 결정하는 것은 그들이다.

통찰에 대해 생각해 보면, 사람들은 주변 사람들보다 자신의 상황에 대해 더 잘 안다. 분명히, 가끔 사람들은 문제를 최소화하거나 가까운 사람들과는 다른 방식으로 자신의 문제를 설명하는 것처럼 보인다. 이러한 상황에서 지각을 통제하는 행동의 원리를 기억하는 것이 중요하다. 사람들이 사용하는 단어 역시 행동이다. 사람들은 특정한 지각적 결과를 만들어 내기 위해 단어를 사용한다. 최소화, 부인, 통찰과 같은 개념들은 지각 통제 접근에서는 다르게 생각될 수 있다. 음주 문제를 가지고 있다는 것을 부인할 때 당신에게 그런 단어로 말하는 것은 그들에게 어떤 결과를 갖는가? 우리 치료자들은 내담자는 그렇다고 생각하지 않는데 그들의 삶의 어떤 영역이 문제라고 설득하는 데 전혀 시간을 보내지 않는다. 문제를 전혀 이야기하고 싶어 하지 않을 때 그들이 성취하고 있는 것은 무엇인가?

때로 사람들은 '오늘은 무엇에 대해 작업하고 싶나요?'라는 질문에 '모르겠어요.'라고 대답하면서 회기를 시작할 것이다. 이에 대해 생각해 보면 이것은 매우 기이한 반응이다. 일부러 치과 의사의 진료를 받기 위해 예약을 하고 스스로 병원에 가서 의자에 앉은 다음 치과 의사가 '오늘 무엇을 봐 드릴까요?'라고 말하면 '저도 모르겠어요'라고 말하는 사람에 대해 상상해 보자.

'나는 모른다'는 말은 많은 것을 전달하고 있을 수 있다. 아마도 내담자는 한 개 이상의 문제를 가지고 있고 무엇을 먼저 말할지 모를 수 있다. 아마도 그들은 온 것이 잘한 결정인지 모를 수도 있다. 아마도 그들은 문제에 대해 소리 내어 터놓고 말할 때 어떻게 들릴지 걱정한다. 그들이 예약을 한 이후에 일이 개선되었지만 약속을 취소하고 싶지 않았고 지금 무엇을 해야 할지 모를 수도 있다.

이러한 모든 생각이 물어봐야 하는 것일 수 있다. 치료에서 핵심은 만약 당신이 잘 모른다면 물어보라는 것이다. 그렇다면, '잘 모르겠어요'라는 반응에 대해 임상가가 '당신이 오늘 온 것이 옳은 결정을 한 것인지 생각하고 있나요?' 혹은 '조금이라도 말할 것이 있는데 어디에서 시작할지 확실하지 않나요? 다른 게 있나요?'라고 물을 수 있다. 반응이 무엇이든 간에 내담자가 오늘 자신의 문제에 대해 말하고 싶어 하는지에 대해 확신이 없을 수 있다. 또, 임상가는 내담자에게 그 불확실성에 대해 말하고 싶은지 '여기 당신이 있어야 하는지 아닌지 불확실한 것에 대해 탐색하는 데 시간을 들인다면 도움이 될까요?'라고 질문할 수 있다. 하지만 핵심은 만약 내담자가 정말 자신의 문제에 대해 이야기하고 싶어 하지 않는다면 그 결정은 존중되어야 한다는 것이다. 임상가는 '음, 당신이 말하고 싶어 하는지 확신이 없다면 나는 당신이 그것에 대해 말하도록 만들고 싶지 않아요. 그럼 오늘은 그만하는 게 어때요? 당신이 어려움을 탐색하는 데 도움을 원할 때 다음에 다시 약속을 잡을 수 있습니다'와 같이 말할 수 있다.

내담자에게 행해지는 치료는 그의 삶의 한 영역이며 그들이 통제를 발휘할 수 있는 것이 중요한 영역이다. 임상가는 이를 촉진하기 위해 대화가 진행되든 안 되든 대화의 주제에 대해 내담자가 이끄는 대로 따라감으로써 가능한 많은 것을 한다.

17

가능한 한 효율적으로 내담자가 유연한 통제를 할 수 있게 하기 위한 자세

우리가 1부에서 기술한 바와 같이 '살아가는 것은 통제하는 것이다.' 목적의식이 성취되고 유지되는 것은 효과적인 통제를 통해서이다. 하지만 모든 형태의 통제는 갈등을 겪기 쉽다는 점 또한 분명히 했다. 한 가지 목표를 성취하려고 하는 것은 다른 목표를 방해할 수 있다. 다른 목표들을 고려하지 않은 특정한 경험을 통제하려고 시도하는 것이 임의 통제로 간주되는 과정에 대해 앞서 기술했다. 종종 내담자들의 임의 통제는 뿌리가 깊다. 왜냐하면 임의 통제는 다른 목표들을 약화시키는 동시에 중요한 개인적 목표에 도움이 되기 때문이다. 예를 들면, 취약하거나 불안하다고 느낄 때마다 다른 사람이 자신을 위해서 무언가 해 주도록 의존하는 것을 학습한 내담자는 돌보아 주는 사람들과의 관계를 계속하면서 이것이 이득이라고 여길 수 있다. 하지만 이러한 통제 시도는 그 사람이 가지고 있는 다른 중요한 목표, 예를 들어 독립적인 삶을 살고 필요할 때 혼자 여행하는 것과 양립불가능하다. 치료는 사람들이 목표들 간의 갈등에 대해 자각하는 것을 돕도록 고안되었으며, 이를 통해 사람들은 해결책을 찾을 수 있다. 서로 다른 상황에서 통제 시도의 이득과 단점을 생각해 보도록 하는 것을 포함한다.

따라서 임의 통제의 반대는 유연하고 적응적인 형태의 통제이다. 왜냐하면 이러한 통제는 개인이 가지고 있는 많은 목표를 고려하고 그것들이 서로 어떻게 관련되어 있는지 고려하기 때문이다. 중요한 것은, 단지 행동을 관찰해서만은 그것이 임의적인지 아니면 유연한 것인지 알 수 없다는 것이다. 그 사람의 다른 목표에 대해서 알고 있을 때만 이를 결정할 수 있다.

예를 들면, 외상 기억을 마음 깊은 곳으로 밀어 넣는 과정은 종종 '역기능적'인 것으로 간주된다. 대신에 통제 이론 접근에서는 역기능적인지가 다른 목표가 어떤지와 이에 대한 개인의 자각에 따라서 달라진다고 주장한다.

기억 억제를 통한 임의 통제의 예는 다음과 같다.

- 메리는 열차충돌에 대한 기억을 억제한다. 왜냐하면 그 기억들이 괴로운 것으로 경험되기 때문이다.
- 메리는 외상을 극복하기를 원하고 다시 열차를 타고 출근할 수 있기를 바란다.
- 메리가 출근하는 것에 대해 생각하기 시작할 때마다 기억은 그녀를 괴롭게 만들고 그래서 그녀는 그것을 마음 깊은 곳으로 밀어 넣는 것에 모든 주의를 쏟는다. 메리는 어떻게 직

장에 출근할지에 대해 생각하기보다는 이러한 기억과 싸우
는 데 상당한 시간을 보낸다.

• 메리는 일하러 가기 위해 다시 기차를 타기 어렵다.

이 예에서 매리는 외상 기억을 억제하면서, 다시 기차 여행을
시작할 때 어떻게 하면 안전할 수 있는지 그 방법을 알아내기 위
해 사실 충돌에 대해 생각할 필요가 있다는 것은 생각하지 않고
있다. 그녀는 괴로운 것에 대해서만 자각하며, 그래서 기억을 마
음 깊은 곳으로 밀어 넣는 것에 모든 노력을 들인다. 그렇게 하
면 두려움에 직면해서 다시 일하러 가고자 하는 그녀의 목표는
다음날로 넘겨야 한다.

기억 억제를 통한 유연한 통제의 예는 다음과 같다.

• 메리는 열차 충돌에 대한 기억을 억제한다. 왜냐하면 그 기
  억들이 괴로운 것으로 경험되기 때문이다.
• 메리는 외상을 극복하기를 원하고 다시 열차를 타고 출근할
  수 있기를 바란다.
• 메리가 출근하는 것에 대해 생각하기 시작할 때마다 기억은
  그녀를 괴롭게 만든다.
• 메리의 어머니는 단지 '진정해라'라고 말하기 때문에 어머니
  와 함께 있을 때는 기억을 마음 깊은 곳으로 밀어 넣는 것을
  선택한다. 그렇게 하는 것은 그녀를 더 기분 나쁘게 만든다.
• 메리는 괴롭더라도 치료할 때, 혼자 있을 때 혹은 배우자와

함께 있을 때는 기억이 마음속에 머무르도록 놔두는 것을 선택한다. 왜냐하면 이런 상황에서 그녀는 충분히 안전하다고 느끼기 때문이다. 이렇게 함으로써 그녀는 일어나고 있는 일에 대해 이해하기 시작할 수 있었다.

- 메리는 마침내 다시 열차를 타고 출근했으며 괴로운 것에 대해 그녀가 대처할 수 있음을 깨달았다.

이 두 번째 예에서, 기억 억제라는 동일한 행동이 사용되었다. 하지만 이제 메리는 서로 다른 맥락에서 그것이 어떤 영향을 미치는지에 대해 자신의 경험으로부터 피드백을 얻어 이를 기초로 언제 그것을 사용할지, 언제 사용하지 않을지를 스스로 통제할 수 있다. 통제 이론 내에서 이는 이제 외상 기억을 얼마나, 언제 억제할지에 대해 그녀의 목표를 다르게 할 수 있기 때문에 메리가 '한 단계 올라갔음'을 의미한다. 동일한 행동이 더 이상 임의적인 것이 아니며, 이제는 유연하고 그녀의 장기적인 목표에 도움이 된다.

행동에 대한 이러한 입장은 통제 이론을 따르는 모든 회기에서 취해질 수 있다. 어떤 행동은 내담자에게 중요한 다른 목표의 실현과 양립불가능할 때만 문제가 된다. 중요한 것은, 내담자가 그러한 행동이 '통제불가능하다'고 느끼게 되는 것은 행동을 유발하는 다른 양립불가능한 목표에 대한 자각이 부족하기 때문이다. 치료자의 질문은 특정한 행동을 '좋거나 나쁜' 것으로 임의로 분류하는 것이 아니라 더 깊이, 더 중요한 목표에 대해 생각하기 위해서 행동의 통제불가능성에 대한 생각을 탐색하는 것이다.

임의 통제가 일어나는 한 가지 이유는 사람들이 이처럼 복잡한 존재이기 때문이다. 순간순간 삶에서 중요한 모든 것을 통제하고 균형을 맞추는 것이 진정으로 어렵기 때문이다.

종종 삶의 변화에 의해서 우선순위가 생긴다. 낯선 사람의 공격은 빠른 반응을 요구한다. 파괴적인 가정 환경은 한 가지 목표에만 매진하는 것을 필요로 할 수도 있다. 자신이 타인에게 해로운 영향을 미친다는 것을 깨닫게 되면 자기 비판의 기간이 필요할 수 있다. 이들 각각은 중요한 이유로 '통제하'에 있는 것과 관련된다. 통제 이론 접근은 왜 우리의 마음이 특정한 때에 이러한 목표에 우선순위를 두는지 그리고 왜 우리 각자가 자주 더 반성적이고 유연한 방식을 취해야 하는지를 설명해 준다. 그래야 이처럼 당면한 구체적인 목표에 의해 유발된 갈등이 조절될 수 있으며 궁극적으로는 보다 가치 있고 장기적인 목표가 성취될 수 있다. 이는 치료를 찾는 사람들뿐만 아니라 우리 모두에게 적용된다.

18

MOL의 첫 번째 목표:
현재 문제에 대해 질문하기

현재 문제에 대해 새로운 통찰과 새로운 관점을 발전시키도록 도움을 받을 수 있으려면, 첫 번째로 중요한 것은 문제에 주의의 초점을 맞추는 것이다. 이는 많은 내담자들에게 그렇게 어려운 일은 아니다. 내담자들이 도움을 찾을 때는 보통 문제에 대해 생각하는 데 매우 많은 시간을 보내고 있다. 치료자는 내담자에게 문제에 대해 질문함으로써 이러한 초점을 유지하도록 돕는다.

MOL은 지각 통제 이론에 근거한 범진단적인 인지행동치료이다. 그 기원은 Powers가 어떻게 질문하는 것이 사람들로 하여금 지각 통제 이론에서 서로 다른 수준의 지각을 기술하도록 도울 수 있는지 실험하던 1950년대에 있다. Tim Carey는 이러한 질문법을 정신건강 문제에 대한 훈련 가능한 치료로 구성하기 위해서 1990년대와 2000년대에 Powers와 교신했다(Carey, 2006).

MOL의 첫 번째 목표는 내담자가 문제에 대해 검열하지 않는 방식으로 말하도록 촉진하는 것이다. 그렇게 함으로써 내담자는 자신의 어려움을 탐색할 수 있다. 여기서 치료자의 역할은 내담자가 당면한 주제에 대해 초점을 유지하도록 촉진하기 위해 질문을 하는 것이다. MOL에서 질문은 특정한 해결책이나 치료자의 견해를 내담자에게 안내하거나 제시하거나 설득하기 위해서 하는 것이 아니다. 질문들은 사실 내담자의 문제를 치료자가 명확하게 이해하기 위해서 하는 것도 아니다(비록 내담자의 문제를 명확하게 이해하게 되는 것이 이런 종류의 질문을 통해 결과적으로 얻게 되는 것 중의 하나이긴 하지만). 질문의 요점은 내담자가 현재 하고 있는 것과는 다르게 자신의 문제를 이해하기 위해 새로운 관점에 대한 자각을 발달시킬 수 있도록 하는 것이다.

내담자가 치료자에게 말하러 오기 전에 이미 적어도 몇몇 사람들에게 자신의 문제에 대해 이야기해 왔기 때문에 치료자와의 대화는 내담자들이 다른 사람들과 가졌던 대화와는 달라야 한다. 적어도, 결과가 다르기 위해서는 달라야 한다(아마도 내담자들은 다른 사람에게 말하는 것으로 그들의 문제를 해결하지 못했을 것이다. 그렇지 않았다면 그들은 당신에게 이야기하지 않았을 것이다. 그러므로 그들이 당신에게 말함으로써 문제를 해결하려고 한다면 대화는 다른 대화들과는 달라야 한다). 다음 대화는 내담자인 '리사'와의 MOL 치료 회기에서 발췌한 것이다. 이는 내담자와의 초기 회기로, 회기가 시작되는 방식, 질문을 사용하여 내담자가 문제에 대해 이야기를 시작하도록 돕는 방법을 보여 준다.

치료자: 안녕하세요? 리사. 오늘은 무엇에 대해 이야기하고 싶나요?

리　사: 음. 저는 제 긴장에 대해 이야기하고 싶어요. 저는 지금 매우 불안함을 느끼고 점점 더 나빠지는 것 같아요. 그래서 도움이 필요하다고 생각했어요.

치료자: 네. 그럼 '긴장되고' '불안하고'…… 당신이 두 가지 단어를 사용했는데요. 이들은 서로 유사한가요?

리　사: 같아요.

치료자: 같아요? 네. 그럼 긴장과 불안이 더 나빠지고 있다…… 뭔가요, 최근에?

리　사: 네. 많이 나빠지고 있어요.

치료자: 네. 그럼 당신이 많다고 말할 때 얼마나 많은가요?

리　사: 제가 생각하기에는 두 배가 된 것 같아요.

치료자: 좋아요.

리　사: 음. 어쨌든 저는 불안한 사람이지만 지금은 심각해요.

치료자: 좋아요. 그럼 이전에는 그렇게 심각하지는 않았나요?

리　사: 감당할 만했어요.

치료자: 좋아요. 그럼 지금은 두 배가 되었다고 말하는데…… 심각하지만 여전히 감당할 만한가요?

리　사: 감당하기 어려워요.

치료자: 음. 감당하기 어렵기 때문에 당신을 괴롭히는 건가요?

리　사: 네. 왜냐하면 여기 와서 당신을 만나야만 했고 일하러 가기가 어렵기 때문에요.

치료자: 그 어려움에 대해 조금만 더 말해 줄 수 있나요?

리　사: 음…… 아침에 일어나서 출근 준비하기가 힘들어요. 왜냐하면 저는 약간 완벽주의자이기 때문에 준비하는 데 시간이 너무 오래 걸려요. 음…… (내담자가 멈추고 눈에 눈물이 맺힌다.)

치료자: 지금 막 당신의 마음속에 무엇이 지나갔나요?

리 사: 말하기가 어렵다는 것요.

치료자: 그러한 어려움에 대해 말할 수 있나요?

리 사: 음…… (내담자는 심호흡을 하고 울먹이는 것처럼 보인다.) …… 내 불안에 대해서요?

치료자: 음. 그것을 말하는 것이 어려운 것에 대해서요.

리 사: 음…… 전에 이것에 대해 말해 본 적이 없어요. (더 많은 눈물을 흘리면서 내담자의 목소리가 갈라지기 시작한다.)

치료자: 네. 지금 그것에 대해 말하고 있는데 당신에게 어떤 일이 벌어지고 있나요?

리 사: 더 불안하게 느껴져요.

치료자: 그래요?

리 사: 네.

치료자: 그럼, 더 말하면 그게 전에 그랬던 그 수준인가요? 감당하기 어려운 수준?

리 사: 그것보다 더 안 좋아요. 많이요.

치료자: 그럼, 지금 느끼고 있는 게 더 많이 안 좋은가요?

리 사: 음…… 집에 있을 때나 직장에 있을 때는 지금보다 더 심해요.

치료자: 좋아요.

리 사: 이건 내가 얼마나 불안해지는지에 대한 하나의 예일 뿐이
       에요.

치료자: 그럼요. 그렇다면 당신이 불안하다고 말할 때 당신에게 무
       엇이 불안한가요? 그것에 대해 기술할 수 있습니까?

리 사: 모든 것을 완벽하게 하려고 노력해요…… 그리고 하루 종일
       시간이 충분히 없어요.

치료자: 모든 것을 완벽하게 하기 위해서요?

리 사: 네.

MOL 질문은 아무것도 고려하지 않고 조사와 탐색을 촉진하기 위해 진정한 호기심을 가지고 묻는다. 당신이 암묵적으로라도 내담자가 말하고 있는 것이 무엇인지 알고 있다고 추정한다면 당신은 내담자가 문제를 상세히 탐색하는 것을 무심코 막을 것이다. 그러므로 아무것도 가정하지 말라. 내담자가 당신에게 말하고 있는 것이 무엇이더라도 그것에 대해 내담자가 정교화하도록 요청하는 것보다 더 복잡한 것은 없다는 의미이다. 만약 내담자가 '저는 최근에 정말 우울했어요'와 같은 말로 시작한다면 당신은 아마도 호기심을 가지고 탐색을 촉진하는 기분으로 '우울한 것에 대해 말해 주세요.' 혹은 단지 '우울했어요?'라고 말할 수 있다.

내담자가 자신의 문제를 정교하게 탐색하도록 촉진하는 한 가지 방법은 내담자가 당신에게 말하고 있는 것이 무엇이든지 간에 그것에 대해서 문자 그대로 그리고 구체적으로 생각하는 것

이다. 만약 내담자가 "저는 그것을 제 마음 깊은 곳으로 밀어 넣어요."라고 말한다면, 당신은 이것이 좀 더 자세하게 탐색할 가치가 있는 영역이라고 생각할 수 있다. 다음과 같은 질문을 할 수 있다.

- 당신은 그것을 얼마나 깊이 밀어 넣나요?
- 당신의 마음 깊은 곳은 어디입니까?
- 당신의 마음 깊은 곳에 다른 무엇이 있습니까?
- 그것이 지금 당신의 마음 깊은 곳에 있습니까?
- 당신의 마음 깊은 곳에 대해 나에게 말해 주세요.
- 당신의 마음 깊은 곳이 제자리가 되는 것은 무엇 때문입니까? 밀어 넣지 않아도 항상 거기로 갑니까?
- 거기 깊숙이 밀어 넣고 나면 어떤 일이 일어납니까?
- 그것이 깊이 있을 때 어떻게 말할 수 있습니까?
- 마음 깊이 밀어 넣는 다른 것들이 있습니까?
- 서로 다른 일마다 얼마나 깊이 밀어 넣는지가 다릅니까?

앞의 예에서, 예시된 질문들은 과정에 중점을 두고 있음을 강조한다. 즉, 당신은 '밀어 넣는' 과정과 '마음 깊이' 있는 내용에 대해 질문할 수 있다. 일들에 대해 구체적으로 생각하는 것뿐만 아니라 과정에 대해 질문하는 것, 그리고 가정하는 것보다는 질문하는 것이 호기심 어린 질문을 촉진하기 위한 유용한 원리가 될 수 있다. 이러한 원리를 따르는 것은 치료자가 '얼마나 많이'

'얼마나 자주' '어디쯤에' '그다음에는 어떻게?' '그 밖에 다른 것은'에 대한 질문을 생성하는 데 도움이 될 것이다. 이러한 질문들은 모두 내담자가 이전에는 친숙하지 않았을 자신의 문제에 대해 친숙해지도록 도울 것이다.

실습과 슈퍼비전을 하면서 우리는 치료에서 내담자가 바로 '상위 수준의' 목표로 이동하도록 시도하지 않을지라도 MOL의 첫 번째 목표가 중요함을 보아 왔다. 당신이 처음으로 집을 탐색하고 있다고 상상해 보자. 당신은 아마도 크기, 내용물, 출입구에 대한 감을 얻기 위해 다른 방을 탐색하러 가기 전에 방 하나를 둘러보고 싶을 것이다. 각 방에서 멈춰서 한 번에 하나씩 집의 각 수준을 눈여겨보는 것이 그 집에 대한 명확한 그림을 형성하는 데 도움이 될 것이며, 각 방의 사정을 알고 각 방에 어떤 기쁨과 위험이 있는지 보기가 더 쉽다. 만약 당신이 그 건물의 가장 위에 있는 방을 찾기 위해 곧바로 달려간다면, 다시 어떻게 내려오는지, 중요한 다른 방(예: 주방과 욕실)이 어디에 있는지 기억하기가 어려워질 것이다. 이러한 비유는 우리가 1부에서 기술했던 지각적 위계와 유사하다. 위계의 각 수준은 다양한 목표와 선호, 지각적 세부사항을 가지고 있다. 우리는 내담자들이 치료자에게 의존하기보다는 이러한 위계를 통해 자각의 길을 찾는 것을 배우기를, 혹은 이러한 상위 수준의 생각들을 체계 아래에 있는 '기초'와 연결시키지 않고 추상적으로 혹은 지적으로 생각하는 방법을 배우기를 바란다. 잠시 현재 문제를 자세히 탐색한 후에 내담자가 '위 수준으로 올라가는' 조짐을 보여 주기 시작하는 것을 우리는 종종 볼 수 있다. 이것을 '중단'이라고 부르며, MOL의 두 번째 목표에서는 이것을 표적으로 삼을 것이다.

19

MOL의 두 번째 목표:
중단에 대해 질문하기

내담자가 자신의 문제에 대해 더 깊이 자각할 수 있게 되는 것이 필수적이지만 더 자각할 수 있게 되는 것만으로는 충분하지 않다. 고통을 유발한 중다수준 갈등에 대한 통제 이론의 개념화에 따르면, 개인의 문제는 그들의 지각적 위계에서 적어도 세 가지 수준과 관련된다. 그러나 문제를 기술할 때 사람들은 문제의 특정한 수준에만 주의를 기울이고 있다.

통제 이론의 관점에서 보면, 문제가 나타나는 수준은 문제가 생성되는 수준과 다르다. 이해할 수 있듯이 사람들은 주로 문제가 나타나고 있는 지점에 대해서 자각한다. 하지만 문제가 해결되기 위해서는 문제를 유발하고 있는 부분에 대해서 자각해야 한다.

우리는 이미 생각 혹은 심상이나 감정과 같은 다른 내적 경험을 서로 다르게 경험할 수 있는 방식에 대해 기술했다. 우리는 마음의 전면에 있는 것 같은 것들을 자각할 수 있다. 우리가 이

것들을 자각하는 동안 우리는 역시 마음속으로 '튀어나오는' 듯
한 동시적인 생각도 자각할 수 있다. 우리가 순식간에 자각할 수
있는 이러한 다른 생각들은 종종 현재 이야기되고 있는 문제를
해결하는 열쇠가 될 수 있다.

호기심 어린 질문을 사용함으로써 내담자가 자신의 문제에 대
해 이야기하도록 격려하기 때문에 내담자는 종종 그들이 이야기
하고 있는 일들에 대해 짧게 자각하게 될 것이다. 이러한 자각의
변화는 내담자가 말할 때 행동의 미묘한 변화와 그다지 미묘하지
않은 변화로부터 추론된다. 사람들이 말할 때 대화의 흐름이 중
단되는 것은 정치인, 운동선수 같은 사람과의 TV 인터뷰뿐만 아
니라 친밀한 대화 동안에도 관찰될 수 있는 일반적인 현상이다.

사람들이 말하는 동안 말은 종종 다양한 방식으로 중단된다.
이러한 중단은 너무 흔해서 듣는 사람들도 종종 눈치 채지 못한
다. 그러므로 MOL 치료자가 해야 할 일 중의 하나는 이러한 중
단에 익숙해지는 것이다.

내담자에게 (어느 것도 가정하지 않고) 문제에 대해 호기심 어
린 질문을 할 때 당신은 내담자들이 잠깐 멈추거나, 얼굴을 돌리
거나, 혼자 미소를 짓거나, 눈물이 글썽거리거나, 머리를 흔들거
나, 목소리가 커지거나, 말하는 속도가 빨라지거나(아니면 줄어들
거나), '그건 어리석게 들려요' 혹은 '나는 이제 더 이상 모르겠어
요'와 같은 말을 하는 것을 볼 수 있다. MOL에서는 이러한 것들
이 일어나는 것이 갑작스러운 자각의 변화를 나타낸다고 가정한
다. 항상은 아니지만 종종, 이러한 변화는 문제가 생성되고 있는

상위 수준을 향한 것일 것이다. 바로 앞 장에서, 우리는 실제 완벽해지고자 하는 욕구가 고통을 야기하는 것으로 인식했던 리사라는 내담자와의 MOL 치료 회기를 예로 사용했다. 다음은 중단에 대해 질문하는 것이 어떻게 보이는지에 대한 예를 제공하기 위해 그녀의 치료에서 발췌한 예이다.

치료자: 그럼, 당신이 모든 것을 완벽하게 하려고 노력한다고 말할 때 지금 우리가 이야기하고 있을 때에도 당신은 무언가를 완벽하게 하려고 노력하고 있나요?

리　사: 음······ (내담자가 미소 짓는다.) ······ 아마도.

치료자: 그리고······ 당신이 미소 짓고 있나요?

리　사: 음······ (내담자가 소리 내어 웃는다.) ······ 나는 잘 앉아 있으려고 노력하고 있고······ 그리고 화장이 지워지기 때문에 울지 않았으면 좋겠구요······ 그리고 당신도 알다시피 그건 내가 생각하기에 나는 항상 완벽하게 보여야 하고 완벽해야 하는 것에 반하는 것이에요.

치료자: 좋아요. 그럼, 우리가 말하고 있는 이 순간 당신은 심지어 완벽하게 앉아서 완벽하게 말하고 있네요. 그리고 완벽하게 보이기를 원하구요?

리　사: 네.

치료자: 그렇게 하는 게 어떤가요?

리　사: 그건, 그건······ (내담자가 소리 내어 웃는다.) ······ 힘들어요.

치료자: 그럼, 무엇 때문에 웃습니까?

리 사: 음…… 완벽하기가 어려우니까…… 아무도 완벽하지 않으니까.

치료자: 어느 누구도요?

리 사: (내담자가 잠시 멈추더니 눈물이 글썽거린다.)

치료자: 그것에 대해 어떻게 느끼나요?

리 사: 음…… (내담자가 더 눈물을 흘린다.) 잘 모르겠어요. 미안해요…… 나는 지금 속이 상해요.

치료자: 계속 말해도 괜찮나요?

리 사: 괜찮아요.

치료자: 확실해요?

리 사: 네.

치료자: 지금 무엇에 대해 곰곰이 생각하고 있나요?

리 사: 나는 항상 다른 사람이 되거나 혹은 더 나아지려고 분투하고 있는 것 같다는 생각을 하고 있어요. 나는 다른 사람의 예를 보고 오 만약 내가 그 사람들처럼 될 수 있다면…… 아니면 그 사람들과 같다면…… 하고 생각해요. 하지만 동시에 나는 그들 역시 결점을 가지고 있다고…… 그리고 아마도 그들도 완벽하지 않다고 생각하고 있어요.

그러므로 호기심 어린 질문을 하는 것의 근본적인 목적은 이러한 관련된 상위 수준으로 자각을 이동시키는 방법을 찾는 것이다. 중단이 일어날 때 중단에 대해 질문을 하는 것이 중요하다. 질문을 함으로써 당신은 내담자가 이러한 다른 생각으로 자

각을 이동시키고 일정 기간 동안 이에 초점을 맞추도록 돕는 것
이다. 다음과 같은 질문들은 내담자의 주의를 끌었던 것이 무엇
이든 그것에 짧게라도 내담자가 주의를 유지하도록 돕는다.

- 지금 잠깐 멈추었을 때 무엇이 당신 마음속에 떠올랐나요?
- 그때 당신은 마음속으로 무엇을 생각했습니까?
- 지금 무엇이 당신이 머리를 흔들게 만들었습니까?
- 당신이 미소 짓게 만든 것은 무엇입니까?
- 나에게 이것에 대해 이야기할 때 당신은 얼굴을 찌푸리고 있네요.
- 내가 보기에 당신이 이 이야기를 하는 동안에 목소리가 점점 커지고 있어요.
- 이것은 말도 안 되는 것 같다고 말할 때 당신은 무엇을 언급하고 있나요?

일단 이러한 질문을 하면 그 영역에 대해 두세 개의 다른 질문
을 계속하는 것이 그렇지 않을 때보다 내담자가 이 지점에 더 오
래 주의를 유지하도록 도울 것이다.

때로 갑작스러운 중단과 자각의 변화가 문제와 관련되지 않은
지점에서 일어날 수 있다. 만약 당신의 질문이 당신이 성과 없
는 길을 따라 내려갔다는 것을 드러내면, 그때는 '우리가 주제에
서 약간 벗어난 것 같아요. 우리가 ……에 대해서 이야기하고 있
었죠.'와 같은 단순한 방향 재설정이 다시 정상 궤도로 되돌려놓

을 것이다. 또한 모든 중단에 대해 질문한다면, 내담자는 자신의
문제에 대해 거의 기술하기 어렵고 심지어 심문처럼 느낄 수 있
다. 이러한 이유로 어떤 중단에 대해 질문할지에 대해서는 판단
이 필요하다. 이에 대한 구체적인 지침을 제시하기는 어렵지만
MOL 치료자들은 경험과 함께 점점 더 안목이 생긴다. 그 판단은
내담자마다 그리고 문제마다 다를 수 있다. 한 가지 유용한 원리
는 고조된 정서와 관련된 것처럼 보이는 중단이 특히 유용할 가
능성이 크다는 것이다.

　문제가 나타나고 있는 수준보다 더 위로 내담자의 자각 수준
을 유지하도록 도움으로써 재조직화 과정이 가장 잘 일어날 수
있도록 당신이 할 수 있는 최선을 다하고 있는 것이다. 무엇이
적당한 수준인가? 그것은 우리의 현재 지식으로 대답할 수 있는
것이 아니다. 하지만 유용한 지침이 되는 원칙은 만약 문제가 여
전히 존재한다면 더 높은 수준을 찾아야 한다는 것이다. 문제가
있다면 '수준을 높여서' 생각하라. 재조직화의 관점에서 보면 이
만큼 중요한 것은 없을 것이다.

20

과거를 활용하기, 현재를 통제하기, 미래를 위해 살기

이 장에서 우리는 MOL 치료자가 내담자에게서 발전시키고 지속시키려고 하는 사고방식을 확실하게 하고자 한다. 이러한 사고방식의 결과, 내담자는 그들이 사용하고 있었을 유연하지 않거나 임의적인 방법과 대조적으로 조금 더 유연하게 통제할 수 있게 되는 것이다. 유연성은 상대적이라는 것에 주목하는 것이 중요하다. 예를 들면, 한 사람이 슬픈 감정을 억제하는 방식(예: 사고 중단, 대화 주제 바꾸기, 약 복용)에서는 유연하지만 이러한 통제방식을 어떻게 사용하는지에 있어서는 유연하지 않을 수 있다. 예를 들면, 그것이 슬픔이나 상실에 대한 유일한 대처방식일 수 있으며 따라서 이러한 대처방식이 고인이 된 가족 구성원의 삶을 기억하거나, 추억하거나, 기념하는 것과 관련된 목표와 갈등할 수 있다.

유연성의 상대성은 MOL이 윗 수준의 목표로 올라감으로써 작업을 하는 또 다른 이유이다. 우리는 단기간에 효과가 있는 것이 장기적으로 더 높은 수준의 목표에는 효과가 없을 수 있음을 내담자가 볼 수 있도록 돕고 있다. MOL에서 우리는 내담자들이 하고 있는 것의 유연성에 대해 질문함으로써 이를 촉진한다. 예를 들면, 다음과 같다.

- 얼마나 슬픈 것이 너무 많이 슬픈 것입니까?
- 이러한 감정을 통제하는 것과 관련해서 당신에게 무엇이 중요합니까?
- 지금 당신의 감정을 통제하려고 노력하고 있습니까? 그것이 어떻습니까?
- 지금 그 감정이 있다면, 당신은 감정에 대해 무엇을 하고 있습니까?

MOL은 사실 보다 '적응적'이라고 여겨지는 무언가를 위하여 한 가지 일에 대한 생각을 멈추고 그것을 다른 생각으로 대체하도록 하거나, 특정한 행동을 행하는 것을 멈추도록 하지 않는다. 이것은 무언가를 켜거나 끄려고 노력하는 것에 비유될 수 있다. 하지만 MOL에서 보다 유연한 통제를 발전시키는 과정은 조광 스위치나 음량 조절을 이용하는 것의 비유가 더 적절할 것이다. 우리는 내담자가, 예를 들면 얼마나 많이 걱정하는 것이 충분한지, 걱정이 너무 많아서 성취해야 할 다른 중요한 개인적 목표를 방해할 때가 언제인지를 탐색하도록 촉진한다. 이전 장에서 우리는 직업에서 완벽하기를 바라는 것 때문에 힘겨워하며 열심히 일하고자 하는 목표와 친구와 시간을 보내고자 하는 목표 사이에서 갈등을 느끼는 내담자 '리사'의 예를 사용했다. 이 부분에서 MOL 치료 내에서 통제에 대한 전형적인 탐색이 어떻게 이루어지는지 예시한다.

치료자: 네. 그럼, 당신은 다른 일을 하는 것을 쉴 때 일하러 다시 돌아와야 한다고 생각하고 있죠.

리 사: 네.

치료자: 그리고 그것은 반대로도 작용하나요? 당신은 일을 하면서 사교적이 되어야 한다고 생각한 적이 있나요?

리 사: 아니요, 전혀 없어요. 만약 누군가의 생일을 놓치거나 사회적인 사건이 진행되고 있다는 것을 안다면 아마도 거기 있어야 한다고 생각하겠죠……. (내담자가 잠깐 멈춘다.) 하지만…….

치료자: 거기서 멈추게 만드는 것은 무엇입니까?

리 사: 집이나 회사에서 공부하고 있을 때 친구 생일에 가지 않았다는 것에 죄책감을 느끼는 예를 생각할 수 있어서요.

치료자: 음, 좋아요. 그럼, 가끔 만약 당신이 ……하지 않는다면 일하면서 죄책감을 느끼는군요.

리 사: 만약 내가 밤늦게 회사에서 공부를 하거나 일을 하고 있다면.

치료자: 죄책감을 느낄 것 같아요?

리 사: 네.

치료자: 그리고 만약 사교적 활동을 하고 있다면, 당신은 그건 시간

낭비이고 일을 해야 한다고 느낍니다.

리 사: 네. 맞아요.

치료자: 좋아요. 늦게까지 일하는 것에 대해서 더 죄책감을 느끼나요?

리 사: 내 친구에 대해서 죄책감을 느낍니다.

치료자: 좋아요.

리 사: 대답이 항상 아니오라는 것을 친구들이 알고 있기 때문에 친구들이 나에게 놀러 나가자고 말하는 것을 멈추는 지경에 이르렀어요.

치료자: 그게 시간 낭비이기 때문에요?

리 사: 글쎄, 저는 친구들에게 그렇게 말하지 않았어요. 저는 사과를 하고 방금 일이 생겼다고 말했어요.

치료자: 그리고 그것이 당신이 죄책감을 약간 느끼기 시작할 때인가요?

리 사: 네.

치료자: 이 이야기를 하면서 지금 기분이 어떻나요?

리 사: 기분은 괜찮아요. 왜냐하면 이런 것들에 대해 이야기하고 문제가 어디에 있는지 보는 것이 좋아요.

치료자: 음. 당신은 말하고 있는 동안에 문제가 어디에 있는지 보려고 노력하고 있나요?

리 사: 네.

치료자: 리사, 어떤 의미에요?

리 사: 나는 그저 내가 어떻게 하면 삶에서 좀 더 균형을 찾을 수 있을지 생각하려고 노력하고 있어요.

MOL이 바로 지금 현재 순간에 초점을 맞춘다는 것을 이미 언급했다. 결국 통제가 일어나고 있는 곳은 이것이다. 하지만 내담자는 종종 과거를 가져올 것이고 종종 미래에 대해 걱정하고 있거나 계획을 세우고 있을 것이다. 분명히, 이것은 정상적인 경향이다. 우리 중 어느 누구도 현재만이 중요한 거품 속에 살지 않는다. PCT에서 이것에 대해 완전히 설명한다. 첫째, 과거에 대한 우리의 기억(예: 집의 위치)은 현재의 행동에 대한 준거 가치로 사용될 수 있다(Powers, 1973, 2005). 둘째, 우리의 상위 수준 목표(예: 가치 있는 것)는 실제로 하위 수준 목표보다는 좀 더 긴 시간에 걸쳐서 지각된다. 그래서 이러한 목표에 대한 피드백은 종종 시간이 흐르면서 전개되는 사건에 의존한다. 치료에서, 이론의 이 부분은 '과거를 활용하기, 현재를 통제하기, 미래를 위해 살기'로 요약될 수 있다. 이 문구는 현재가 통제가 일어나는 곳이라는 것을, 하지만 미래로 확장되는 목표의 방향을 제시하기 위해 현재 순간이 과거 경험을 사용하고 종종 수정한다는 것을 확인시키는 데 도움이 된다. MOL은 분명히 몇몇 내담자들이 단기간에 대처방식으로 사용하는 '현재에 살기'라는 견해가 아니다. 통제는 현재 순간, 지금에 와서 일어나지만 삶 자체는 현재 대화하는 순간보다 더 뒤로 그리고 앞으로 확장하는 많은 순간들을 가지고 있다. PCT는 삶을 '순간의' 한 경험에서 다음으로 뛰어넘는 과정이 아니라 끊임없이 지속되는 연속적인 통제 과정이라고 개념화한다. 지금은 순간이 아니다. 그건 삶이다!

'현재를 통제하기'는 당면한 문제에 대한 자각을 다른 곳으로 돌리게 만드는, 일상적으로 사용하는 유연하지 못한 습관을 찾아내서 버리는 노력을 수반할 수 있음을 주목하는 것이 중요하다. 우리가 어떤 경험을 통제할지 그리고 어떻게 통제할지 선택할 수 있는 것은 현재에서뿐이다. 예를 들면, 건강에 대해 걱정하는 내담자가 미래에 대해 확대하여 걱정하거나 혹은 너무 고통스럽게 되면 이러한 걱정이 마음에 들어오지 못하게 차단하려는 습관을 가지고 있을 수 있다. 유연한 방식으로 현재 경험을 통제하는 것은 경험되는 생각, 느낌, 심상을 알아차리고 이들을 다루는 방법에 대해 정보에 근거한 선택을 하는 것을 포함할 것이다. 종종 이것은 (예를 들면, 일에 집중하려고 노력할 때) 걱정을 한쪽으로 치워 두려는 것일 수도 있지만 다른 경우에 (일기를 쓰거나 적절한 도움을 얻는 방법을 생각해 내려고 할 때처럼) 걱정을 마음에 담아 두고 탐색하는 것일 수도 있다. PCT가 '탈중심화' '마음챙김 자각' '관점의 확장'과 같이 다양하게 명명되는 이런 종류의 마음가짐을 광범위하게 묘사하고 이것이 사람들에게 왜 유용한지 설명하는 데 필요한 개념적 틀을 제공한다는 것이 우리의 견해이다.

여기서 기술되는 자세는 MOL에서 과거와 미래를 타당화하지만 바로 지금의 렌즈를 통해서 볼 수 있고 현재와 관련이 있어야 한다는 것을 분명히 하는 질문을 생성하는 데 도움이 될 수 있다. 이런 맥락적 관점에서 보면, 임의 통제 방법은 이상한 것이 아니라 기능적인 것으로 여겨진다. 그럼에도 불구하고, 현재 순간에 고려해야 할 다른 목표 역시 존재하며, 따라서 단지 그것들을 모두 버리는 것과 반대로, 통제방법의 유연성을 증가시키는 것을 강조한다. 내담자가 과거 실패에 대해 반추하거나 미래의 재앙을 예측할 때, MOL 치료자는 반추나 예측이 지금 현재 내담자에게 가지는 효과에 관심을 가진다. 내담자가 미래를 통제하거나 과거를 이해하기 위해 열심히 고투하고 있을지라도 현재 통제감을 느끼는 것이 중요하다. 그렇지 않으면 그들은 변화시킬 수 없는 과거 사건이나 예측하기 어려운 미래 사건에 마음이 끌릴 때 통제 상실이라는 압도되는 느낌을 경험할 수 있다.

한 예로, 내담자가 "내가 망쳤어요. 그가 죽은 것에 대해 나 자신을 비난하고 그게 내가 생각할 수 있는 전부예요."라고 보고할 때 우리는 다음과 같은 질문을 해 볼 수 있다.

- '망쳤다'는 것이 무엇처럼 보이나요?
- 지금 당신을 비난하고 있나요? 당신이 그렇게 할 때 어떤 일이 생기나요?
- 당신이 자신을 비난한다는 것이 당신을 괴롭히나요?
- 실제로 당신을 비난하기를 얼마나 원하나요?
- 바로 지금 당신은 무엇을 생각하고 싶은가요?
- 지금 나에게 이런 이야기를 하면서 기분이 어떤가요?
- 그것이 바로 지금 당신이 생각하고 있는 모든 것인가요, 아니면 다른 것이 있나요?

반대로, 어떤 내담자는 먼 미래에서 정신적인 삶을 보낸다. 예를 들면, "나는 그를 잃을까 봐 두려워요. 나는 밤낮없이 이 모든 나쁜 일들이 일어나는 것에 대해 걱정하면서 보내요."라고 하면서 말이다. MOL에서 우리는 다음과 같이 시도할 것이다.

- 지금 이런 이야기를 하면서 얼마나 두려움을 느끼나요?
- 지금 이 순간에 그를 잃는 것을 상상하고 있나요? 거기에서 당신에게 무슨 일이 일어나고 있나요?
- 지금 이 순간에 당신은 얼마나 많은 나쁜 일들에 대해 생각하고 있나요?
- 지금 당신은 얼마나 많이 걱정하고 있나요? 걱정이 당신에게 무엇을 가져오나요?
- 당신은 그를 잃는 것에 대해서 얼마나 걱정하기를 원하나요?
- 당신이 그를 잃는 것에 대해 걱정할 때 그건 당신에게 어떤 느낌이 들게 하나요?

이 단순한 예 중 어느 것도 치료자가 과거나 미래를 무시하지 않고 있음을 알 수 있다. 이 내용은 내담자에게 적절하고 유용하다. 하지만 질문은 이런 생각을 하는 것이 실제로 현재에 일어나고 있으며 치료자 앞에 앉아 있는 이 방을 벗어난, 가상의 삶이 아니라는 자각을 갖게 한다. 이상적으로 말하면, 이러한 질문들은 '현실에 집중'하도록 하면서 바로 지금 일들을 생각하고 처리하는 방법에 대해 선택권을 제공한다. 사실, 가장 성공적인 개입은 장기적인 목표, 신념 그리고 가치가 현재 순간의 경험, 느낌, 행동과 접촉하게 하는 것임을 시사하는 것으로 수렴되고 있다(Mansell, 2011). MOL은 단지 그렇게 하는 방법 중 하나이지만 우리가 느끼기에는 특히 간결하고 과학적 이론과 잘 연결되어 있다.

21

'풋사과': 노출 없이 문제를 해결해 나가기

MOL은 내담자가 경험하고 있는 고통을 해결하도록 돕는 것에 분명하게 초점을 맞춘다. 이렇게 하기 위해서 안내된 자기 탐색 과정이 촉진되며, 이 과정에서 내담자는 스스로 새롭고 보다 만족스러운 경험을 창조하기 위해서 생각과 심상을 포함해서 자신의 인지 과정을 검토하는 데 시간을 보낸다. 내담자의 내적인 주관적 세계에 초점을 맞추기 때문에 MOL의 독특한 특징은 임상가가 대화의 주제가 무엇인지 알 필요가 없다는 것이다.

자주는 아니지만 때때로 내담자가 토론하면서 불편감을 느끼는 문제가 있을 수 있다. 이럴 경우에 임상가에게 그 주제를 알려 주지 않고도 대화가 이루어질 수 있음을 내담자에게 설명하는 것이 (유용한 것은 말할 것도 없이) 믿기 힘들 정도로 보상적이다. 임상가에게 자신이 괴로워하는 것에 대해 밝히도록 장려하거나 무언가 다른 주제를 논의하기보다는 임상가가 특정한 주제에 대해 모르는 채로 MOL 대화가 일어날 수 있다.

만약 내담자가 말하기 어렵게 느끼는 주제를 가지고 있다면, 괴로운 것이 무엇이든지 '마멀레이드' '내리는 눈' '트레버' 혹은 '풋사과'(아니면 내담자가 선택한 어떤 다른 단어)라고 부를 수 있다. 임상가는 내담자에게 마멀레이드에 대해 질문을 하고 중단을 주목하고 실제 문제가 무엇인지 알지 못한 채 중단에 내담자의 주의를 돌릴 수 있다. 사실, 어떤 면에서는 이 주제에 대해 호기심을 갖는 것이 더 쉬울 수 있다. 왜냐하면 임상가는 실제로 내담자가 말하고 있는 것이 무엇인지 모르기 때문이다. 당신이 알아차리지 못하는 것이 주제일 때 가정을 하지 않는 것이 쉽다. 이는 특히 초기에 신뢰가 중요한 내담자에게 유용할 수 있다. 예를 들면, 어떤 목소리나 이상한 생각을 경험하는 데 그것들을 묘사할 때 편안하게 느끼지 않는 사람처럼 말이다.

종종 이런 상황에서 내담자는 자신의 문제를 '내리는 눈'(혹은 그들이 선택한 다른 단어)으로 논의하기 시작할 것이다. 하지만 대화가 진전되면서 더 편안하게 느낄 것이고 그 주제가 무엇인지 임상가가 알 수 있게 해 줄 것이다. 설령 이렇게 되지 않는다 할지라도, MOL은 계속 될 수 있다. 사실, 전체 회기가 이런 식으로 이루어질 수 있다.

내담자가 처음에 '풋사과'에 대해 이야기하기 시작할 때 임상가는 풋사과를 가지고 있는 것이 내담자를 괴롭히는지 아닌지, 풋사과가 얼마나 오랫동안 문제였는지, 풋사과가 골칫거리가 아니었던 때가 있었는지 등등과 같은 호기심 어린 질문을 할 수 있다. 내담자가 풋사과에 대해 이야기할 때 어디에 있는지에 초점을 맞춘 질문을 할 수도 있다. 마음 앞에 있는가, 마음 뒤를 향해 있는가 아니면 돌아다니는가? 많이 있는가 아니면 몇 개만 있는 가? 그것들이 다른 때보다 더 문제인 것처럼 보이는 곳이 있는 가? 내담자가 그것에 대해 말할 때 변하는가, 즉 점점 뚜렷해지 거나 흐려지는가? 더 커지는가? 풋사과와 관련된 어떤 소리, 냄 새 혹은 느낌이 있는가? 있다면, 이러한 다른 감각에 주목할 때 어떻게 변화하는지에 대해 유사한 질문을 할 수 있다.

다른 MOL 회기에서처럼, 이러한 호기심 어린 질문을 하는 목 적은 중단이 일어나도록 촉진하는 것이다. 중단이 일어날 때 임 상가는 중단이 정상적인 것처럼 중단에 대해 질문해야 한다. 내 담자가 자신의 고통 경험 이상의 수준으로 자각을 옮기도록 돕 는 근본적인 목적은 변하지 않은 채로 있다. 그래서 내담자가 잠 깐 멈추거나 눈길을 돌리거나 아니면 머리를 흔들 때 혹은 말하 는 속도가 느려지거나 빨라질 때 임상가는 내담자에게 무엇이 일어나고 있는지에 대해 물을 수 있어야 한다.

- 지금 무엇 때문에 멈추었나요?
- 우리가 말할 때 당신은 머리를 흔들고 있습니다. 당신의 마 음속 무언가에 반응하고 있습니까?
- 내가 보기에 당신이 말하고 있는 것을 서서히 말하고 있어 요. 당신에게 무언가가 일어나고 있나요, 아니면 무언가가 당신의 주의를 끌고 있나요?

임상가가 대화의 주제를 알지 못한 채 작업하는 MOL의 능력
은 이런 유형의 범진단적 인지치료의 독특한 측면을 밝혀 준다.
예를 들면, 내담자가 당신에게 진실을 말하고 있는지 아닌지 아
는 것은 중요하지 않다. 내담자의 임무는 그들을 괴롭히는 것이
무엇이든지 그에 대해 작업하는 것이고, 임상가의 임무는 내담
자가 대화에 계속 집중하도록 함으로써 작업하도록 돕는 것이
다. 내담자가 실제로는 자신이 괴로워하지 않는 무언가에 대해
말하는 것은 별로 중요하지 않다.

유사하게, 내담자가 어떻게 고통스럽게 되었는지에 대해 포괄
적인 '그림'을 맞추기 위해 임상가가 많은 양의 정보를 수집할 필
요는 없다. 내담자가 자신이나 타인을 해할 위험이 있는지에 대
해 아는 것은 분명 중요하고, 내담자가 말하고 있는 정확한 문제
에 대해 알지 않고 이렇게 하는 것이 가능하다. 하지만 그것을
넘어서서 MOL의 가장 중요한 측면은 내담자가 현재 경험하는
대로 자신의 어려움을 살펴보도록 돕는 것이다.

셔츠의 주름을 펴기 위해 지금 여기에서 즉시 다림질을 할 필
요가 있고, 주름이 어떻게 생겼는지는 실제로 중요하지 않다.
MOL은 또다시 햇빛으로 나가고 삶을 받아들이기 위해서 준비된
새로운 관점을 남기고 현재 확인된 주름을 없애는, 마음에 다림
질을 하는 것과 같다.

22

첫 회기에 무엇을 말할 것인가

MOL은 변화를 효율적으로 촉진하도록 고안되었고 따라서 내담자가 준비되는 대로 곧 문제에 대한 '작업'이 시작될 수 있다. 많은 형태의 CBT에서처럼 이 모델에는 공식적인 '사회화'가 존재하지 않는다. 마찬가지로 변화를 감지하기 위한 평가 외에는 공식적인 평가 회기도 없으며, 공식적인 주제 설정도 없다. 그럼에도 불구하고, 첫 회기에 (사례마다 특수한 절차적 문제에 더불어) 치료 과정에 대한 몇몇 기본적인 정보를 제공하는 것이 전형적이다. 특히, 우리는 내담자에게 다음의 것들을 알려 준다.

- 급하게 예약하더라도 당신이 편할 때 가능한 시간으로 회기를 선택할 수 있습니다. 만약 다른 누군가가 다음 시간에 예약을 했다면 회기의 길이가 제한될 수 있지만 만약 당신이 나중에 시간이 더 필요하거나 덜 필요하다면 이에 대해 논의할 수 있습니다.

- 회기 중에 당신이 이야기하고 싶어 하는 문제에 대해 말하도록 당신에게 요청할 것입니다.
- 회기 중에 당신이 말하고 싶어 하는 것을 탐색하는 데 도움이 되기 위해 치료자가 질문을 할 것입니다.
- 때때로 치료자는 회기가 당신이 원하는 대로 흘러가고 있는지에 대해 당신에게 피드백을 요청할 것입니다.
- 만약 당신이 원하는 정보가 더 있다면 말씀해 주세요. (리플릿이나 다른 형태의 자료로 사용할 수 있는 정보가 있을 수도 있습니다.)

일반적으로, 우리는 앞의 내용보다 더 많은 정보를 제공하면 MOL이 실제로 시작될 때 관련이 없는 실행계획이나 관심사로 회기가 꽉 찰 수 있다고 생각한다. 우리는 MOL 자체에 회기의 초점을 맞추려고 노력하며, 치료의 근거에 대한 정보나 내담자가 치료에서 경험하는 것과 관련된 사안에 대해서는 제기될 때 설명한다. MOL 치료자는 회기 중에 특히 첫 번째 회기에 치료에 대한 피드백을 요청할 수 있다. 다음과 같은 질문이 내담자가 치료자에게 설명할 기회를 주는 데 도움이 된다.

- 이게 당신에게는 어떤가요?
- 오늘 이렇게 당신의 문제에 대해서 이야기한 것이 어떤가요?
- 지금 어떠신가요?

우리는 매 회기가 끝날 때 역시 분명한 피드백을 요청하는 것이 유용함을 발견했다.

- 다음번에는 조금 달랐으면 하고 바라는 것이 있습니까?
- 이 회기에 별로 좋지 않았던 것이 있습니까?

때때로 회기의 속도가 너무 빠르거나 느리고 혹은 내담자가 자신이 정말 말하고 싶었던 것이 다루어지지 않았다고 느끼는 경우가 있다. 치료자는 이런 피드백을 사용하여 회기의 나머지 동안 혹은 그다음 주에 이러한 스타일을 바꿀 수 있다.

우리는 또한 MOL에 대한 몇 가지 리플릿을 개발하여 관심이 있는 내담자에게 제공할 수 있는 질문을 담았다(부록 3 참고). 본질적으로, 이것은 MOL을 위한 회기에서 시간을 극대화한다. 소수의 내담자들은 질문을 받는 것을 원하지 않는다고 보고한다. 대신에 그들은 무엇을 해야 하는지 혹은 조언을 치료자가 이야기해 주기를 원한다. 첫 번째 방침은 이러한 목표를 직접 이야기하고 내담자가 누군가로부터 받는 조언이 스스로 해결책을 만들어 내는 것보다 더 도움이 될 것이라고 생각하는 이유에 대해 논의하도록 돕는 것이다. 이렇게 함으로써 유익한 논의를 할 수 있고, 내담자는 무엇을 할지 듣는 것의 한계와 갈등의 소지를 깨닫는다. 물론 고위험 상황에서는 내담자에게 대안적으로 도움을 받을 수 있는 곳에 대해 조언을 해 주는 것이 타당할 수 있으며(Mansell, 2012), 이 중 일부는 내담자에게 도움이 될 것이고 그들의 삶에 대해 적어도 단기적으로 통제력을 재획득하도록 도울 수 있다. 유사하게, 내담자가 특정한 목표를 성취하기 위해서 필요한 기술을 가지고 있지 않다는 것을 깨닫고, 따라서 동일한 경로로 치료를 지속하기 전에 그 주제를 다루기 위해 무언가를 하고 싶어 할 수도 있다. 하지만 통제 이론의 견해에 따라 이를 안내할 수 있지만 MOL이 아님을 언급하는 것이 중요하다. 6장에서 통제 상실이 목표 갈등이 아닌 다른 요인의 결과물일 때 이러한 종류의 개입을 하는 근거를 제시하고 있다.

23

치료 회기 수와 빈도

내담자가 얼마나 많은 회기를 얼마나 자주 받아야 하는지는 여러 가지 이유로 중요하다. 임상적으로, 심리치료 회기를 너무 많거나 적게 제공하는 것은 내담자의 심리적 고통에 대한 불만족스러운 해결을 의미할 가능성이 높다. 관리 차원에서 그리고 조직 차원에서, 비효과적으로 회기를 제공하는 것은 대기자 명단을 길게 만들고 서비스에 접근하는 것을 지연시킬 수 있다. 재정적으로, 너무 많은 회기를 제공하는 것은 유용한 자원의 낭비이며 너무 적은 회기를 제공하는 것은 내담자가 자신이 원하는 방식으로 사회와 지역사회에 기여하기 어렵다는 것을 의미할 수 있다.

이러한 사항은 중요함에도 불구하고 이상적인 치료 프로토콜에 관한 문헌에서 안내되는 바가 거의 없다. 무작위 통제 실험에서 내담자가 가진 특정한 형태의 고통을 줄이는 데 매주 1회씩 12회기를 하는 것이 효과적인 것으로 나타난 결과는 12회기가 필수적이거나 필요하다는 것을 증명한 것이 아니다. 하지만 문헌에서 안내가 부족하다고 해서 치료 결정이 내려지는 것을 막지는 못한다. 그렇다면 당신은 내담자에게 얼마나 자주 회기를 제공할지 어떻게 결정할 것인가 그리고 내담자가 충분한 치료를 받았는지 어떻게 알 것인가?

용량-반응 모델 혹은 용량-효과 모델이 자신도 모르게 심리치료의 회기 제공에 대해 전반적인 영향을 미쳐 왔다. Howard 등(1986)의 고전적인 논문은 심리치료를 받는 내담자의 진전이 부적 가속 곡선을 따르며, 대부분의 이득이 치료 초기의 몇 회기 동안 나타나고 동일한 정도의 진전을 얻기 위해서 나중에는 더 많은 회기가 필요하다고 제안했다. 하지만 이러한 결과에는 이후 결과에서 명확해진 뉘앙스가 있다. Barkham, Stiles와 동료들(예: Barkham et al., 1996, 2006; Stiles et al., 2008)은 부적 가속 곡선이 개개 변화 궤적을 검토했을 때는 분명하지 않았지만 종합적인 자료를 검토한 결과라고 보고했다. 치료 종결이 계획되었는지 아니면 계획되지 않았는지에 따라서도 차이가 있다. 치료가 끝났거나 성공적이었다고 여겨지는 준거 역시 중요하다. 일반적으로 치료자가 그러한 판단을 내리며, 종종 증상에 대한 표준화된 질문지에서 내담자가 정상 범위 안에 있는 점수를 받는 것에 의존한다.

Barkham과 Stiles 그룹은 충분한 수준(Good Enough Level: GEL) 모델이 용량-효과 모델보다 자료를 더 정확히 묘사한다고 제안했다. 여기서 시사하는 바는 내담자는 자신이 느끼기에 바람직하고 수용할 수 있는 변화를 이룰 때까지 심리치료 회기에 참여한다. GEL 모델에서 내담자가 참여하는 회기 수는 내담자마다 다르지만 치료 전-후 변화의 양은 대략적으로 일정하다. 이 모델은 변화 과정의 비선형적이고 역동적인 특징을 보다 쉽게 수용할 수 있다. 이는 사람들이 새로운 언어를 배우거나 차를 운전하기 위해서 필요한 기간이 모두 다른 원리와 다르지 않다. 심리치료에서 어떤 내담자는 빠르게 갑자기 변하지만 오랜 기간에 걸쳐 좀 더 점진적으로 변하는 사람도 있다. 치료 종결이 계획되지 않은 자연적인 연구의 자료는 용량-효과 모델보다는 GEL 모델을 지지하는 것으로 나타났다(Carey, 2010).

GEL 모델은 의사결정에 대한 내담자 통제가 촉진되고 존중되는 MOL의 정신과 양립가능하다. 인간을 살아 있는 통제 체계로 이해하는 PCT에 근거하여, MOL 치료자는 내담자가 아프거나 단순하지 않다고 생각한다. 내담자들은 하나 이상의 삶의 영역에 '갇혀' 있다. 대부분 내담자들은 언제 무엇이 잘못된 건지를 알고 있고 언제 도움이 필요한지 알고 있는 것으로 간주된다. 그들은 또한 그 '도움'이 도움이 될 때와 그렇지 않은 때를 알고 있다. 그리고 그들은 충분한 도움을 받았을 때와 다시 '혼자 힘으로 하고' 싶을 때를 알고 있다.

그러므로 이를 다르게 할 만한 매우 강한 증거가 없는 한 MOL 치료를 제공하는 것은 내담자의 손에 달려 있다. 현실적으로, 임상가의 제안보다는 내담자가 재량대로 약속을 정하는 체계를 확립하기 위해 서비스를 조직화할 때 융통성을 요구할 것이다. 일반의사(General Practitioner: GP)의 병원 운영에서 이것은 임상가의 시간표를 접수담당자가 관리하는 예약 소프트웨어에 두는 것을 의미할 수 있다. 이 맥락에서 내담자는 일반의를 만나기 위해서 약속을 잡는 것과 동일한 방식으로 임상가를 만나기 위해 약속을 할 수 있다. 다른 장면에서 Outlook Calendar와 같이 웹 기반 자료를 사용해서 유사한 관리가 이루어질 수 있다. 예를 들어, 만약 병원 외래에서 치료가 제공된다면, 임상가의 비서가 임상가의 Outlook Calendar에 접근할 수 있고 내담자는 약속을 잡기 위해 비서에게 전화할 수 있다.

이와 같이 치료 회기를 구조화하는 데 있어서 '내담자 주도' 접근은 NHS의 1차 의료 환경에서 MOL을 가지고 광범위하게 사용되어 왔다(예: Carey, 2010). 다른 임상가, 내담자, 다른 임상 장면에서 반복 검증되어 온 결과는 내담자가 일반적으로 적은 수의 평균 회기 동안 참여한다는 것이다. 많은 내담자들이 적은 수의 회기 동안 참여하고 소수의 내담자가 보다 많은 회기 동안 찾아와서, 평균은 4회기에서 5회기 사이이다. 그리고 매우 소수의 잊어버리거나 취소된 약속이 있다(중앙치는 대개 0이다). 치료 제공에 대한 보다 융통성 있는 접근에서 평균보다 더 많은 회기를 원하는 소수의 내담자를 수용하기 위한 자원이 가용했다.

내담자 주도 접근을 사용하면 내담자가 참여할 수 있는 회기 수의 한도를 정하거나 일반의나 다른 건강 전문가에 의해 의뢰되는 것을 제한할 필요가 없다. 대기 시간, 서비스에 대한 접근성, 서비스 능력에서 극적인 개선이 관찰되어 왔다. 하지만 내담자 주도 체계는 임상가가 감수할 수 있는 중요한 전문적이고 윤리적인 이슈를 야기한다. 내담자가 언제 충분한 치료를 받았고 누가 그 결정을 해야 하는가? 내담자가 어떤 삶을 살기를 바라는지에 대한 우리의 기대는 무엇인가?

내담자 주도 모델은 내담자에게 힘을 주고 대기 시간과 서비스 접근성을 개선하고자 하는 서비스에는 큰 장래성을 제공한다. 하지만 도전 없이 그렇지는 않다. 아마도 가장 큰 도전은 우리가 도우려고 하는 내담자의 능력에 관한 우리 자신의 믿음에 대해 무엇을 드러내는가이다.

24

증상보다는 고통에 초점 맞추기

PCT는 사람들은 경험을 창조하는 데 도움이 되는 행동이 아니라 경험을 통제한다고 설명한다. 그러므로 MOL의 초점은 증상 자체보다는 특정한 증상과 관련된 고통에 있다. MOL 치료자는 내담자가 무엇이 고통스러운지 알고 있다고 가정하지 않으려고 애쓴다. 내담자가 말하고 있는 것이 그들을 괴롭히거나 고통스럽게 하는 것인지 내담자에게 매번 묻는다.

앞서 언급했듯이, 사람들이 치료에 가져오는 모든 증상에 대해 언제나 동일한 종류의 경험이 있지만 그것을 전혀 문제라고 보지 않는 사람들이 있다는 것은 기이한 사실이다. 어떤 사람들은 일상적인 일에 시간을 쓰지만 그것 때문에 괴로워하지는 않는다. 어떤 사람들은 삶이 의미 없고 가치가 없다고 생각하지만 원래 그런 것이라고 받아들인다. 어떤 사람들은 비판적인 목소리를 듣지만 그 목소리가 그들을 집중시키고 강해지도록 돕는다. 이러한 이유로, 우리는 MOL을 활용할 때 증상 그 자체보다는 특정한 증상과 관련된 고통에 대해 알고 싶어 한다. 따라서 만약 누군가가 와서 실직했다고 말하면 우리는 '실직한 것에 대해 어떻게 느끼나요?' 혹은 '실직한 것이 당신을 괴롭게 하나요?'라고 물을 것이다. 이것은 분명한 질문처럼 보이지만 대답은 이해를 도울 수 있다. 예를 들면, '음, 그건 그만한 일이 아니에요. 하지만 나는 지금 내 동생을 어떻게 돌볼지 모르겠어요.'라고 말할 수 있다. 혹은 '물론이죠, 그것만큼 좋은 직업을 결코 못 구할 거예요.'라고 말할 것이다. 혹은 '당신이 알다시피 나는 옆 책상에 있던 아가씨를 꽤 좋아했고 우리는 정말 잘 지내고 있었고 이제 다시는 그녀를 볼 수 없을 거예요.'라고 말할 수도 있다. 비판적인 목소리를 경험한 예의 경우에 누군가는 그 목소리가 죽은 친척이라고 믿고 이것이 그들을 괴롭히기 때문에 괴로울 수 있다. 다른 누군가는 그 목소리가 말한 것이 무엇인지 때문에 괴로운 것이 아니라 반복적이고 소리가 커서 짜증날 수 있다. 그리고 누군가는 비판에서 주의를 돌릴 수 없다고 생각하고 이것이 기분에 영향을 준다. 요점은 모든 사람에게 일어난 어떤 문제라도 독특한 개인적 의미가 있을 것이라는 것이다. MOL을 활용해서 사람들이 그 의미가 무엇인지, 그들이 살고자 하는 삶에서 그것이 하는 역할이 무엇인지 분명하게 하도록 돕는 것이 우리의 임무이다.

사람들은 고통을 다양한 방식으로 표현할 수 있다. 예를 들면, 고통에 대해 질문받을 때 그들에게 나타나는 특별한 이미지에 대해 말할 수 있다. 혹은 특별한 느낌을 묘사할 수도 있다. PCT

관점에서 보면, 개인의 내적 경험은 그들이 만들어 내고 있는 지각으로 생각될 수 있다. 그리고 이러한 경험을 지각으로 생각함으로써 심상, 생각, 느낌 등등을 구별할 필요가 없다. MOL 치료자는 생각, 심상(그리고 소리, 냄새, 맛과 같은 다른 감각경험), 그리고 느낌에 대해 물어보는 것 사이에서 쉽게 이동할 수 있다.

무언가에 대해 어떻게 느끼는지 혹은 무언가가 그들을 괴롭히는지 질문 받는 것에 대한 반응으로 내담자는 가슴이 철렁 내려앉는 느낌이나 어깨가 짓눌리는 것 같은 무거운 느낌을 받았다고 말할 수 있다. 이럴 때도 동일한 MOL 원리가 적용된다. 그 사람에게 느낌을 더 자세히 묘사하라고 요청하고 느낌을 묘사할 때 일어나는 중단에 대해 물어볼 것이다. 치료자는 단지 '이 가라앉는 느낌에 대해 조금 더 말씀해 주세요.' 혹은 단지 '가라앉는 느낌이요?'와 같이 말하면서 시작할 수 있다. 보다 구체적인 질문은 느낌의 위치('어디에서 당신은 그렇게 느낍니까?' '항상 같은 곳에서 그런가요?'), 느낌의 역동성('그것은 어떤 종류의 느낌인가요?' '그것은 강하게 일어났다가 사라지나요, 아니면 항상 변함이 없나요?' '그것은 활기가 넘치는 느낌인가요, 아니면 다른 패턴이 있나요?') 혹은 느낌의 시간적 속성('그것은 얼마나 오래 지속되나요?' '그것은 완전한 강도로 갑자기 시작되나요, 아니면 서서히 시작되나요?' '하루 중에 그것이 일어날 가능성이 높은 특정한 시간대가 있나요?')에 초점을 맞출 수 있다.

동일한 종류의 구체적인 질문을 심상에도 역시 적용할 수 있다. 그들은 그 순간에 많은 일을 가지고 곡예를 부리고 있다고 느낄 수 있다. 그리고 당신이 말할 때 그들은 공중에 공의 심상을 만들 수 있다. 질문은 거기에 얼마나 많은 공이 있는지, 공이 얼마나 가까워 보이는지, 어떤 색인지, 얼마나 큰지, 얼마나 높이 있는지, 얼마나 빨리 움직이는 것처럼 보이는지, (단지 위아래로 아니면 다른 방식으로) 어떻게 움직이는지, 어떤 조건이나 상황에서 공의 개수가 변하는지, 그리고 항상 이러한 공으로 곡예를 하고 있는지에 대해 물어보는 것이 될 수 있다. 동일한 종류의 질문을 하는 것이 그 사람이 가진 모든 형태의 심상에 적용될 수 있다. 다음은 완벽해지고 싶은 목표에 대해 고통스러워하는 내담자인 '리사'와의 치료 회기에서 가져온 또 다른 예로, 여기에서 관련된 심상에 대해서 탐색하고 있다.

치료자: 바로 그때 당신 마음속에 떠오른 것이 무엇인가요?

리　사: 내 얼굴에 눈물이 흐르고 있다는 것이에요.

치료자: 당신은 그것을 느낄 수 있었습니까? 아니면 얼굴에 흐르는 눈물을 통해 당신이 바라보는 방식에 대해 이해하게 되었나요?

리　사: 네, 내가 보는 방식이에요.

치료자: 그럼, 그것과 관련해서 당신은 무엇을 보고 있었나요?

리　사: 불완전해 보이는 누군가요.

치료자: 그리고 그것은 사진을 보고 있는 것 같았나요?

리　사: 네. 그것은 나를 향하고 있어요. 나는 내 얼굴을 볼 수 있어요.

치료자: 그리고 그 이미지가 얼마나 선명한가요?

리　사: 내가 그것에 초점을 맞추면 그건 더 분명해지고 있어요.

치료자: 그리고 당신은 그것을 좀 더 가까이 가져올 수 있나요?

리　사: 네.

치료자: 그럼, 그건 지금 얼마나 가까이 있나요?

리　사: 아마도 옆에요.

치료자: 그럼, 당신 뒤가 아니라 옆까지 옮겨 왔군요. 당신 오른쪽 같습니까?

리　사: 네. 여기 오른쪽요. (내담자는 머리 옆을 가리킨다.)

치료자: 지금 그것을 보며 그 이미지에서 무엇에 주목하고 있나요?

리　사: 단지 그것이 더 선명해지는 것에 주목하고 있어요.

치료자: 좋아요. 당신이 보고 있는 얼굴은 어떤가요?

리　사: 여전히 완전해 보이지 않아요.

치료자: 좋아요. 그럼, 어때 보이나요?

리　사: 피곤해요.

치료자: 그리구요?

리　사: (내담자가 울먹이기 시작했다.) 불안해 보여요.

치료자: 그러면 피곤하고 불안하고 완전하지 않아 보이는 얼굴인가 요?

리　사: 네.

치료자: 당신 바로 옆에서 더 선명해진 그 이미지를 붙잡고 있고 그 것이 다소 피곤하고 불안해 보일 때 당신의 마음속에 무엇 이 지나가나요?

리　사: 내가 좀 더 진정하고 이완할 필요가 있다는 것이에요.

치료자: 음…… 그리고 우리가 그것에 대해 이야기할 때 당신은 다시 약간 눈물이 글썽거렸어요…….

리 사: 네. 슬프기 때문에요. 그건 슬퍼요.

치료자: 나는 그 슬픔을 이해하지 못하고 있는 것 같아요. 슬프다는 것이 무엇인지 나에게 이야기할 수 있나요?

리 사: 그건 단지 힘든 일이에요…… 그건 몹시 지치게 해요.

치료자: 그럼, 그렇게 열심히 일하고 있다는 것이 슬픈가요?

리 사: (내담자가 울고 있다.)

치료자: 그것에 대해 슬퍼한다는 것이 당신을 괴롭히나요?

리 사: 내가 일들을 놓치고 있다고 생각하기 때문에요. 나는 삶에서 많은 일들을 놓치고 있어요.

MOL의 모든 질문이 그렇듯이, 느낌과 이미지에 대해 이런 종류의 질문을 하는 목적은 그 개인으로 하여금 경험의 어떤 측면에 자세하게 초점을 맞추도록 하는 데 있다. 그렇게 함으로써 그들의 현재 문제에 대한 해결책의 실마리가 될 수 있는 상위 수준의 지각에 대해 빠르게 인식할 수 있다. 느낌이나 이미지에 대한 대화가 풍부하고 흥미로울지라도, 치료자는 질문할 거리가 중단되는 것을 알아채자마자 대화를 끝낼 준비가 되어 있어야 한다. 이러한 사례로, 새 집으로 이사할 계획에 대해 말하고 있었지만 관련된 스트레스가 너무 커서 무력감을 느끼는 부인이 있다. 그녀는 문장 중간에서 멈췄고 이러한 중단에 대해 질문 받았을 때 현관을 거쳐 집으로 걸어가고 있는 분명한 이미지를 경험했다고 말했다. 그 이미지에 대해 더 질문을 받았을 때 그녀는 새로운 집 내부의 그림을 그리기 시작했고 방이 매우 작아 보이고 벽페인트는 벗겨져 있고 가구는 부서져 있다고 묘사하였다. 그녀는 갑자기 슬픔을 느끼는 것에 주목했고 이는 그녀가 이전에 인식하지 못하던 것이었다. 왜냐하면 그녀의 주의는 온통 실제 집을 옮기는 것과 관련된 실질적인 행동에만 초점이 맞춰져 있었기 때문이다. 그리고 나서 그녀는 '나는 내가 이 집에서 살고 싶어 한다고 생각하지 않아요.'라고 선언하고 다른 대안을 고려해 볼 필요가 있다고 결정했다. 이러한 탐색 이후에 그녀는 '어깨에서 무거운 게 사라지는 것 같은' 느낌을 기술했다. 어떤 사람들은 이러한 느낌과 생각을 언어로 상세히 묘사하는 것을 어렵게 여기고, 자연스럽게 끌려서 경험과 관련된 이미지와 같은 다른 양식으로 간다. 우리는 현재 순간의 지각에 초점을 맞출 수 있도록 촉진하는 방법으로 이러한 다른 양식에 대해 질문하는 것을 추천한다.

물론 '어떻게 느끼세요?' 혹은 '그것이 당신을 괴롭힙니까?'와 같은 질문이 일회적 사건일 필요는 없다. 만약 당신이 한번 그 질문을 했고 누군가가 가슴이 철렁 내려앉는 느낌이 든다거나 두려운 느낌이 엄습한다거나 혹은 이마가 조여 온다거나 어깨가 무거운 느낌 혹은 다른 어떤 느낌을 설명한다면, '이렇게 당신을 엄습하는 두려움에 대해 당신은 어떻게 느끼나요?' 혹은 '이렇게 가라앉는 느낌을 받는 것이 당신을 괴롭히나요?'라고 물을 수 있다. 유사하게, 누군가가 일들에 압도되는 것 같은 느낌을 느낀다고 말하고 당신이 그것에 대해 어떻게 느끼는지 혹은 그것이 그들을 괴롭히는지 질문했을 때 그들은 공중에 여러 개의 공을 가지고 있는 것 같은 느낌이 든다거나 거대한 낭떠러지의 가장자리에 서 있는 것 같은 느낌이 든다거나 혹은 점점 더 빨라지는 롤러코스터를 타고 있는 것 같은 느낌이 든다고 은유를 사용해서 설명하면서 반응할 수 있다. 그렇다면, '이 롤러코스터 안에 있는 것에 대해 어떻게 느끼나요?' 혹은 '이 낭떠러지의 가장자리에 있는 것이 당신을 괴롭히나요?'라고 물을 수 있다. 때로 대화에서 한 번 이상 이러한 종류의 질문을 하는 것은 고통의 근원에 도달하는 것을 도울 수 있다.

사람들의 증상은 종종 주된 문제처럼 보인다. 치료자로서 내담자가 경험하는 무섭고 쇠약하게 하는 증상에 대해 아는 것이 항상 쉬운 것은 아니다. 하지만 PCT는 증상이 그 자체로 문제가 아니라 문제의 부산물이라고 제안한다. 이러한 관점에서 우리가 내담자에게 줄 수 있는 가장 큰 도움은 질문하고 중단을 인식하게 하는 것이다. 이를 통해 그들의 자각은 그들의 어려움을 만들어 내고 있는 보다 상위 수준으로 이동할 것이다. 이는 치료자에게 내담자 문제의 유지 요인을 분명히 밝히고 내담자가 스스로 효과적인 해결책을 만들어 내도록 돕는 가장 유용한 방식을 분명히 할 뿐만 아니라 훈련할 것을 요구한다.

25

결과 관찰하기

효과적인 임상가를 효과적이게 만드는 것 혹은 정말 임상가를 좀 더 효과적이게 하는 데 도움이 될 수 있는 것이 무엇인지는 중요한 주제이며 다양한 측면을 가질 것이다. 좋은 임상가를 단지 '그렇게 태어난' 것으로 생각하는 것은 솔깃한 일이다. 그들은 자연스럽게 별로 노력하지 않고 그렇게 하는 것처럼 보인다. 임상가의 효과성은 내담자가 가능한 한 가장 효과적인 치료를 받고 있다는 것을 확인시켜 주기 때문에 중요하다. '근거에 기반한' 특정한 치료에 초점을 맞춤에도 불구하고, 연구에 따르면 특정한 치료보다 그 치료를 전달하는 임상가가 결과에 더 큰 영향을 미치는 경향이 있다.

임상가의 효과성이 중요하다는 것은 의심의 여지가 없다. 가늠하기가 더 어려운 것은 효과성을 높이는 방법이다. 그러나 Miller 등(2008)의 매우 유용한 논문이 이 영역에서 빛을 발했다. Miller와 동료들에 따르면, 매우 효과적인 임상가가 되는 것은 원칙적으로 어느 영역에서든 매우 능숙한 전문가가 되는 것과 다르지 않다. 능숙하게 되기 위한 중요한 요소는 임무에 대한 개인의 전심전력이다. 엘리트 운동선수나 콘서트 피아니스트가 훈련과 연습에 많은 시간을 보내는 것과 같이, 매우 효과적인 임상가 역시 그들의 기술을 완벽하게 하는 데 많은 시간을 보낸다. 그들은 그 주제에 대해 광범위하게 책을 읽고, 전문적인 발달 활동과 훈련 워크숍에 참여하며, 실제 진행한 것을 되돌아보고, 슈퍼비전을 활용한다.

임상가의 수행에 있어서 중요하지만 자주 간과되는 한 가지 측면은 피드백이다. 능숙한 임상가는 내담자로부터 피드백을 구하고 치료 경험을 향상시키기 위해 이 피드백을 활용한다. 임상가의 효과성과 결과의 향상과 관련해서 정기적인 피드백이 중요하기 때문에 MOL에서는 매 회기마다 결과 자료를 수집하도록 권한다.

많은 훌륭하고 사용하기 편한 질문지들이 매 회기마다 사용하도록 고안되었다. 결과 평정 척도(Outcome Rating Scale: ORS), 회기 평가 척도(Session Rating Scale: SRS; www.talkingcure.com) 모두 4개의 평정이 이루어지는 척도이다. ORS는 내담자에게 네 개의 서로 다른 영역에서(개인적으로, 대인관계에서, 사회적으로, 전체적으로) 지난주 동안 경험이 어땠는지 평정하도록 요청한다. 이 척도는 10cm 길이로, 평정은 단순하게 내담자가 그 선에서 얼마나 멀리 표시 하는지 측정한다. 그러므로 점수 범위는 0에서 40점이다. SRS는 한 회기의 마지막에 사용되는데, 임상가가 잘 들어 주고 이해해 주고 존중한다고 느꼈는지, 내담자가 다루고자 한 것을 다루었는지, 임상가의 접근이 그들에게 잘 맞았는지, 그리고 그 회기에서 놓친 무언가가 있는지 등 4개 이상 그 회기의 경험에 대해 내담자에게 평정하도록 한다. 아동과 청소년에게는 별도의 버전이 있고 척도의 사용을 설명한 매뉴얼이 있다.

아마도 내담자 피드백 영역에서 선구적이고 주도적인 연구자는 Michael Lambert로, 그는 Gary Burlingame과 함께 결과 질문지(Outcome Questionnaire: OQ; http://www.oqmeasures.com/)를 개발했다. 45문항 버전, 30문항 버전, 스페인 번역판, 청소년 버전을 포함해서 다양한 버전이 있다. 다시 말하지만, OQ는 매 회기마다 사용하도록 고안되었으며 임상가가 내담자의 진전을 추적할 수 있게 해 준다.

영국에서 내담자의 결과를 수량화하기 위해 임상 결과의 규칙적 평가 척도(Clinical Outcome in Routine Evaluation: CORE; http://www.coreims.co.uk/)라는 결과 측정치가 개발되었다. CORE는 매 회기마다 사용될 수 있는 질문지를 포함해서 광범위한 질문지를 가지고 있다.

이들은 내담자의 진전을 관찰할 수 있는 가용한 자료 중 세 가지이다. 어떤 방법이 사용되든지 임상가의 효과성을 위해 그리고 내담자 결과를 극대화하기 위해 규칙적으로 내담자 자료를 수집하는 것이 중요하다. 가장 효과적인 방법은 모든 회기에서, 아니면 거의 모든 회기에서 자료를 수집하는 것이다.

때때로 임상가의 관찰과 자기 보고 역시 질문지 자료를 보충

하는 데 사용될 수 있다. 내담자의 차림새나 태도의 변화 혹은 심지어 내담자가 이야기하는 주제와 같은 지표도 내담자의 삶에서 이루어지는 변화에 대해 감을 잡을 수 있게 해 준다. 내담자가 변화를 인식하지 못하고 변화할 수 있기 때문에 MOL에서는 자료를 수집하고 관찰을 기록하는 것이 중요하다. 한 사례에서 어떤 남성은 식탁용 소금 그릇과 같은 가정물품을 '옳다고 느껴질' 때까지 옮기는 강박적인 특성에 대해 이야기했다. 그는 하루에 약 15번 정도 그렇게 한다고 추정했다. 다음 주에 치료에 다시 왔을 때 그에게 한 주 동안 얼마나 많이 물건들을 옮겼는지 질문했다. 그는 당황한 것처럼 보였고 물건들을 옮긴 것을 전혀 기억할 수 없다고 대답했다! 그것에 대해 좀 더 생각하자 그는 이틀 정도 동안 '약 세 번' 물건을 옮긴 것 같다고 회상했다.

다른 예에서, 매우 고통스러워하던 내담자가 6회기 후에 더 이상 자살 생각을 하지 않는다고 말했다. 이는 '오직' 내담자의 자기보고이지만 그는 치료가 시작된 이후 처음으로 말끔하게 면도를 했다. 그는 삶을 지속하기를 원한다고 결심하자 다시 면도하기 시작했다고 말했다. 이렇게 관찰과 내담자 자기보고의 조합은 중요한 변화에 대해 강한 증거를 제공한다.

따라서 규칙적으로 자료를 수집하는 좋은 이유가 있다. 변화는 예측할 수 없고 갑작스럽게 나타날 수 있다. 임상가의 효과성은 적어도 부분적으로는 내담자로부터 얻는 규칙적인 정보에 달려 있는 것 같다.

26

당신 자신의 실제를 평가하기

PCT는 심리적 고통을 지닌 사람뿐만 아니라 모든 종류의 생물 체계를 설명하는 방법이다. 그것은 분명히 치료자를 설명하고 작업 대상으로 하는 데도 사용될 수 있다. 그러므로 치료자가 한번에 매우 소수의 목표만 자각할지라도 우리는 치료자가 여러 목표의 위계를 가지고 있는 것으로 간주한다. 따라서 치료자가 한 시점에 치료 중에 추구하는 목표(예: 가능한 한 열심히 듣기)는 치료에서 다른 목표(예: 내담자가 말하는 것에 호기심을 갖기, 순간적인 중단을 잡아내기)의 맥락에서 그리고 그들의 개인적 목표(예: 좋은 치료자가 되기, 친절하기)의 맥락에서 존재한다. 이런 이유로 우리는 치료자를 슈퍼비전하거나 훈련시키기 위해 치료자와 대화를 하고 있는 다른 사람에 의해서도 MOL 질문이 사용될 수 있다고 기대한다. 본질적으로, 우리는 치료자로서 발달하는 과정을 개인이 가지고 있는 서로 다른 수준의 목표를 고려하기 위해서 그리고 치료에 적합하고 내담자에게 유용해 보이는 방식으로 이를 조정하기 위해서 치료자의 자각을 통제하는 과정으로 간주한다. 이러한 변화 과정은 재조직화로서, 치료를 위해 어떤 목표의 중요도를 새로운 순서로 배열하고, 질문을 하는 순서를 수정하고, 내담자가 보이는 서로 다른 중단에 초점을 맞추는 방식을 조정하는 것이다.

우리는 반복적인 실습 그리고 자기 자신과 타인의 평가를 통해 MOL 훈련을 할 것을 권장한다. 다행히도, MOL은 개인이 논의하고자 하는 모든 '문제'에 사용될 수 있는데, 정신건강의 문제에만 국한되지 않는다. 이러한 이유로, MOL을 이용해서 동료들과 함께 그리고 적절하다면 평가 척도를 사용해서 광범위한 실습이 이루어질 수 있다. MOL은 자각이 변화하는 그 순간에 실제 생각과 행동에 접촉하는 것을 수반하기 때문에 MOL을 '역할 연기'하는 것은 불가능하다. 그러므로 실제 상황에 대해 이야기하길 원하는 사람과 실습할 필요가 있다. 우리는 실습을 위해 다양한 방법을 사용하는데, 다음의 예가 이에 해당한다.

- 각 개인이 번갈아 가면서 '내담자'가 되면서 짝을 이루어 작업하고 둘 다 정기적으로 그 경험을 검토한다: '내담자/치료자가 경험한 회기가 어떠했나?' '어떤 질문이 특히 도움이 되었는가?' '어떤 질문이 덜 유용했는가?' '어떤 다른 질문이 사용될 수 있었나?' '그 밖에 다른 피드백은?'
- 앞과 같이, 제3자를 제외하고 회기를 관찰한다. 이는 평가와 논평의 다른 원천을 제공하는 데 도움이 된다. 세 사람

중 한 사람씩 번갈아 가면서 한다.

- 한 사람은 내담자이고 둘 이상의 치료자가 교대로 MOL 질문을 한다. 앞의 모델에 더해서, 이는 치료자가 다른 사람이 사용한 다양한 질문을 볼 수 있도록 해 준다.
- 다양한 내담자와 다양한 치료자, 혹은 '여러 사람이 돌아가며 하기'. 이 모델은 몇 개의 내담자–치료자 쌍을 가지고 치료자가 3~5분 동안마다 다른 내담자로 옮겨 다닌다. MOL에서 질문하는 방식이 특정한 치료자와 치료적 관계보다 더 중요할 수 있다는 사실을 증명하기 위해서도 이루어진다.
- 한 개인이 마음속에 스쳐 지나가는 생각을 큰 소리로 말하는 것에 시간을 쓸 수 있다. 만약 이 활동이 몇 분 이상 지속된다면, 이것을 하는 동안 당신이 하고 있는 것에 대한 배경 사고를 잘 경험하게 될 것이다.

MOL 슈퍼비전에서 가장 공통된 도구는 역시 MOL 자체이다. 우리는 치료자가 '문제'에 대해 말하는 것을 돕기 위해서 MOL 질문을 사용한다. 이는 특별히 눈에 띄는 혹은 예상했던 대로 진행되지 않은 것 같은 최근 회기의 특징일 수 있다. 우리는 회기 녹음 역시 경청하고 치료자가 각 질문 이면의 목표를 분명하게 생각해 보도록 돕기 위해 질문하기를 사용한다. 그리고 이것은 다시 치료자가 MOL에서 대안적인 질문을 창조해 내도록 도울 수 있다. 이는 특히 실습, 슈퍼비전 없는 자기 평가, 연구를 위한 능숙함을 확립하는 데 도움이 된다(예: Bird et al., 2009; Kelly et al.,

2012). MOL 충실도 척도와 자기 평가 척도가 부록에 포함되어 있다. 또한 PCT는 질문에 대한 새로운 생각을 형성하기 위한 논의에서 사용된다. 예를 들면, 내담자가 회기에서 통제하려고 시도하고 있는 것이 무엇인지, 확인될 수 있는 갈등이 있는지에 대해 논의할 수도 있다. 요약하면, 슈퍼비전의 목표는 다음과 같다.

- MOL 회기 동안 자신이 질문하는 방식에 대한 자각을 높이기 위해
- MOL 질문 이면의 목표에 대한 자각을 높이기 위해
- 이러한 목표들을 MOL의 관점에서 고려하기 위해(MOL의 목표와 일관되는가? 그렇지 않다면, 이 시점에서 어떤 MOL 목표가 더 적합할 것인가?)
- 더 광범위한 질문 레퍼토리를 개발하기 위해 더 넓은 범위의 내담자의 경험과 행동(중단)에 주의를 기울이는 것을 포함해서 MOL 목표를 이루는 대안적인 방법에 대한 자각을 높이기 위해서
- 분명한 문제 또는 치료자나 내담자가 제기한 주제를 다루기 위해

궁극적으로, 우리는 MOL이 정신건강과 관련된 환경을 벗어나서도 개인에게 적용될 수 있는 질문 방법이라고 생각한다. 이는 정신건강 문제를 가진 대상과 그렇지 않은 대상에게 다른 조력 전문가에 의해서도 MOL이 사용될 수 있으며 일반 대중에 의해

서도 사용될 수 있음을 의미한다. 그렇게 하기 위해서 관계 당사
자가 통제 이론에 대해 그리고 왜 MOL이 문제를 해결하도록 사
람들을 돕는 데 효과적인 것으로 지각되는지 그 이유에 대해 능
통할 필요가 있지만, 이런 방식으로 훈련과 슈퍼비전을 하는 것
이 MOL을 주고받는 것의 일부가 될 수 있다.

27

치료 관계: 자유로운 탐색

이 책을 통해 우리는 심리적 변화가 내담자 내부에서 자연적으로 일어나는 과정이라고 제안해 왔다. 근본적으로, 사람들이 종종 기분, 행동, 그리고 각성의 변화로 나타나는 자신의 중단에 따라 자신의 주의가 향하고 유지되도록 허용할 때 자신의 더 깊은 목표와 가치를 더 잘 인식하게 될 것이다. 이는 다시 정상적인 문제 해결 과정, 즉 우리가 설명한 '재조직화'라고 불리는 구체적인 과정을 이러한 관심사에 적용하도록 한다. 하지만 이 책의 앞 장들에서 내담자의 변화 과정을 촉진하기 위해 호기심 어리고 진실하고 현재 순간의 과정에 주의를 기울이는 치료자의 자세를 통해 치료자가 창출할 수 있는 환경의 종류에 대해서도 기술했다. '치료 관계'의 핵심 요소 중 하나가 이런 방식으로 작용한다는 것이 우리의 견해이다. 좋은 관계는 내담자가 자신의 문제에 대해 자유롭게 이야기하도록 돕고 내담자가 현재 생각과 느낌을 공유하고 그것들에 대해 반성할 수 있게 하는 관계이다

(Carey et al., 2012). 다시 말하면, 내담자는 자신이 말하고 있는 것을 어떤 방식으로든 걸러 내려고 노력하지 않으면서 말할 수 있어야 한다. 그렇지 않으면 그들에게 가장 중요한 것에 실제로 초점을 맞추기 위해 그들의 자각을 자유롭게 하는 것을 더 어렵게 만들 수 있기 때문이다. 우리는 이 과정이 그 자체로 변화를 촉진하기에 충분하고 그 영향력이 덜 분명한 치료 관계의 다른 측면의 영향을 받지 않는다고 제안한다.

치료 관계의 특징 중 하나의 예를 강조하면, 치료자는 내담자가 모방하거나 배울 수 있는 사람의 유용한 모델을 제공하는 것으로 생각된다. 사실, 내담자는 종종 치료자의 유용한 자질(예: 믿을 만함, 친절함)을 발견한다고 보고하며 치료 밖의 다른 사람에게도 이러한 자질을 찾는다고 보고한다. 하지만 만약 (다른 사람처럼) 치료자가 대인관계 양식에서 결점과 어려움을 가지고 있다면 어떻게 되는가? 내담자는 도움이 되는 사람보다 치료자의 문제적인 대인관계 특징에 쉽게 집중할 수 있다. 이런 경우에 내담자가 다른 사람의 어떤 특징이 모방하기에 유용하거나 회기 밖에서 재창조하는 것을 시도하기에 유용한지 이해하기 위해서는 반성하도록 안내할 필요가 있다.

또 다른, 하지만 반대되는 견해는 치료자는 단지 치료 기법을 설명하고 안내하는 수단에 지나지 않으며 우리가 내담자에게서 기대하는 변화를 제공하는 것은 단지 그 기법이라는 것이다. 사실, 치료자 없이 작업하는 것처럼 보이는 자조식의 컴퓨터화된 치료와 같은 많은 치료 양식이 존재한다. 하지만 만약 그 기법이 내담자와 잘 맞지 않으면 어떻게 되는가? 치료자가 상관없는 기법을 계속 밀어붙이고 있나? 이렇게 하면 예를 들어, 행동 실험이나 복잡한 과제를 수행하는 것을 확고하게 거부하듯이 내담자에게서 '저항'을 불러일으킬 것이다. 이러한 장애물은 개입에 대한 내담자의 관심에 대해 개방적으로 논의하면서 그리고 대안적인 (하위 수준) 기법을 찾기 위해 치료의 중요한 (상위 수준) 목표로 되돌아가면서 정상적으로 건너뛸 수 있다. 그리고 자신의 생각, 느낌, 목표에 대해 자유롭게 이야기함으로써 내담자의 자각을 촉진하고 따라서 내담자의 반성을 촉진하는 치료자의 능력으로 다시 되돌아간다.

[그림 27-1]은 그 중심에 경험에 대한 통제의 공유라는 수렴된 목표를 가진 대인관계 양식의 스펙트럼(치료자의 지나친 통제에서 내담자의 지나친 통제까지)을 설명하고 있다. 목표의 갈등이 전혀 없을 수는 없다. 왜냐하면 하나의 경험에 대해 두 사람의 준거점이 완전히 일치한다고 보장할 수 없기 때문이다. 그러나 사람들은 약간의 갈등에도 그럭저럭 조화를 이룬다('집합적 통제'에 참여하게 된다)고 증명되어 왔다(McClelland, 2004). 그럼에도 불구하고 갈등과 오차를 감소시키고 전반적인 통제를 향상시키는 것이 여전히 모든 살아 있는 유기체의 핵심 목표로 간주된다.

그림에서 가운데 박스는 치료자의 호기심 어린 개방적인 태도를 통해 내담자가 자신의 어려움에 대해 자유롭게 말하고 현재 경험을 반성하도록 함으로써 촉진될 수 있는 협동적 탐색과 비슷하다. 이는 MOL의 표준적인 실제이다.

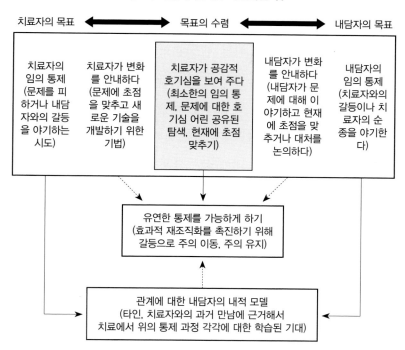

치료가 어떻게 변화를 촉진하는가?

| 치료자의 목표 | ◀▶ | 목표의 수렴 | ◀▶ | 내담자의 목표 |

| 치료자의 임의 통제 (문제를 피하거나 내담자와의 갈등을 야기하는 시도) | 치료자가 변화를 안내하다 (문제에 초점을 맞추고 새로운 기술을 개발하기 위한 기법) | 치료자가 공감적 호기심을 보여 주다 (최소한의 임의 통제, 문제에 대한 호기심 어린 공유된 탐색, 현재에 초점 맞추기) | 내담자가 변화를 안내하다 (내담자가 문제에 대해 이야기하고 현재에 초점을 맞추거나 대처를 논의하다) | 내담자의 임의 통제 (치료자와의 갈등이나 치료자의 순종을 야기한다) |

유연한 통제를 가능하게 하기
(효과적 재조직화를 촉진하기 위해
갈등으로 주의 이동, 주의 유지)

관계에 대한 내담자의 내적 모델
(타인, 치료자와의 과거 만남에 근거해서
치료에서 위의 통제 과정 각각에 대한 학습된 기대)

[그림 27-1] 치료 관계에서 목표의 균형이 어떻게 변화를 촉진시키는지에 대한 모델

　이 박스에서 '유연한 통제를 가능하게 하기'로 향하는 화살표는 이 자세가 변화를 촉진하는 데 있어서 가장 효율적이며 문제가 가장 적은 것으로 간주됨을 예시한다. 이 그림에서 노출이나 행동 활성화 같은 기법을 사용하려는 직접적인 시도는 종종 치료 관계에서 학습된 모델처럼 효과적인 변화를 촉진할 수 있음을 확인할 수 있다. 하지만 그것은 그림에서 점선으로 표시되어 있는데, 이는 그것이 내담자의 현재 목표에 주의 깊게 적용되지 않으면 더 많은 갈등을 야기한다는 점에서 더 많은 한계를 가질

수 있음을 나타낸다. 따라서 이러한 관계 측면은 다시 개방적 질문, 협동적 논의를 하고 현재 순간에 나타나는 내담자의 생각과 느낌에 대해 주의를 기울이는 시간에 의해서 보완될 수 있다.

우리가 여기서 제시한 근거는 MOL 과정이 이 책에서 기술된 방식을 지향하는 이유를 확실하게 해 준다. 그것은 또한 다른 치료와 개입 내에서 MOL의 적절성에 대해 살펴볼 기회를 제공해 준다. 그것은 다른 개입 내에서도 사용될 수 있는데, 다른 개입이 내담자의 소망에 따라서 진행되며 생산적이지 않은 통제를 재획득하기 위해 일시적이고 융통성 없는 시도를 하기 보다는 상위 수준의 목표를 이루기 위해 건설적인 방식으로 실시되도록 하는 데 도움이 된다.

이 모델은 MOL의 최적 표준에서 치료가 벗어날 때를 탐구하기 위해 MOL의 슈퍼비전에서 사용될 수도 있다. 치료 내에서 어려움이 생길 때, 치료자의 목표와 내담자의 목표 사이에 갈등이 있는 경우가 많다. 치료자로서, 내담자의 경험에 대해 언제 해석과 가설을 만들지 그리고 자신의 관점에서 내담자에게 도움이 되는 것이 무엇인지에 대한 자각을 잃을 수도 있다. 우리 대부분은 '그들이(내담자가) 이것을 이런 관점에서 볼 수만 있다면' '그들이 이런 특별한 해결책을 사용하기만 한다면' '……하기만 한다면'과 같은 생각을 하는 순간을 내담자와 관련지을 수 있다. 하지만 MOL의 본질은 내담자가 자신의 해결책으로 자각을 이동시키도록 촉진하는 것이다. 슈퍼비전은 치료자가 자신의 목표를 반성하고 자신의 목표가 내담자의 목표와 갈등을 일으켜 의도하지 않게 치료 과정을 '방해하는' 때를 더 잘 자각하도록 돕는 것이다.

MOL을 슈퍼비전 할 때 우리의 가장 공통된 질문은 정확히 이것이다. '치료자로서 당신의 목표는 무엇이었나요?' 근본적으로, 우리는 그 대답이 MOL의 두 가지 목표 중 하나일 것이라고 기대하고 있다. 즉, 내담자가 자신의 어려움에 대해 이야기하도록 돕는 것 혹은 중단을 알아차리고 내담자가 중단에 주의를 기울이도록 돕는 것 중 하나일 것이다. 하지만 우리는 종종 치료자의 목표가 표류하고 있음을 발견한다. '내담자가 자신이 하고 있는 것이 문제를 더 악화시킨다는 것을 깨닫도록 하는 것' '내담자가 더 빨리 나아지도록 하는 것' '내담자를 진정시키는 것' '내담자가 자신의 문제를 이해하도록 하는 것' '무례하고 침투적으로 보이지 않는 것' 등이 몇 가지 예이다. 이 목표는 내담자의 자각을 촉진시키지 않는 방식일 뿐만 아니라 내담자가 치료자에 의해 특정한 방식으로 통제되도록 유도할 수 있다. 예를 들면, 치료자가 내담자가 더 빨리 나아지기를 바라면 내담자는 MOL 질문을 지나치게 침투적인 것으로 경험할 수 있다. 치료자가 내담자 스스로 자신의 문제를 이해하기를 바라면 내담자는 대답이 더 지적이게 되고 자신의 현재 느낌에 덜 애착을 가지게 될 수 있다. 내담자 자신은 대화의 방향과 그들의 내적 경험을 조정하는 이러한 임의 통제를 자각할 수도 있고 그렇지 못할 수도 있다. MOL에 대한 슈퍼비전은 치료자가 자신의 질문에서 이러한 내현적 (그리고 때로는 외현적) 목표를 알아차리도록 돕는 것을 포함한다. 그렇게 한 후에 목표는 원래 목표를 추구하기 위한 대안적인 방식을 다양하게 창조하기 위해 MOL의 원래 목표를 다시 경험하고 슈퍼바이저(혹은 동료 팀)와 함께 작업하는 것이다. 예를 들면, 내담자가 가능한 한 빨리 나아지도록 노력하는 경향이 있는 치료자는 질문의 속도를 조절하는 것을 배우거나 현재 순간의 경험을 보다 자세히 탐색하는 질문을 가지고 작업할 필요가 있다. 무례하고 침투적인 사람으로 보이지 않으려는 목표를 가진 치료자는 질문을 보다 규칙적으로 하는 실험을 할 수 있으며 혹은 더 많은 질문을 하는 것이 괜찮은지 내담자에게 공개적으로 질문할 수도 있다.

치료자로서 우리는 일상생활에서 사용하는 우리 자신의 목표를 가진 정상적인 사람이다. 이것들을 치료 회기에 가져올 수 있다. 종종 그것은 (예를 들어, 만약 일상생활에서 치료자의 목표가 사람들이 말하는 것을 잘 듣는 것이라면) MOL의 목표와 잘 맞을 수 있다. 하지만 대부분 우리의 일상생활 목표는 치료자로서 목표와 잘 맞지 않으며 MOL의 목표와 갈등을 일으킨다. 그것은 내담자 스스로 임의 통제하려는 시도처럼 내담자의 목표와 갈등을 일으킬 가능성도 있다. 물론 치료자의 목표가 때때로 어떤 내담자 집단과는 매우 잘 맞을 수도 있다. 이것은 우리가 치료자를 매우 작은 영역에 전문화된 사람으로 보는 이유를 설명할 수 있다. 하지만 MOL은 모든 것에 대한 범진단적 치료이기 때문에, 이러한 편향은 치료의 적용가능성을 제한할 수 있다. 내담자처럼 치료자도 치료 회기를 개방적으로 논의하고 모든 문제에 대

해 주의를 기울이는 환경이 필요하다. PCT는 내담자와 매우 동
일한 방식으로 치료자 모델을 만들 수 있다. 적절한 질문을 통해
재조직화가 치료자 자신의 통제 위계에서도 작용하고 치료자도
내담자와 보다 효과적으로 작업하기 위해 보다 유연한 통제를
할 수 있게 해 준다.

28

다른 치료와 치료 과정에 MOL을 포함시키기

MOL은 만성적인 심리적 고통의 기저에 있는 것으로 가정되는 변화 과정, 즉 갈등을 유발하는 상위 수준의 목표로 자각을 이동시키는 과정을 설명하기 때문에 독립적인 치료로 고안되었다. 6장에서 우리는 고통을 유발하는 통제 상실이 내담자의 통제 능력을 벗어난 환경에서의 스트레스원과 같이 MOL에 의해 설명되지 않는 다른 원인을 가질 수 있음을 설명했다. 그러므로 어떤 상황에서는 MOL을 다른 개입과 혼합하는 것이 가능할 수 있다. MOL을 혼합하는 두 번째 이유는 자신의 현재 양식이 편안하고 능숙한 임상가가 접근을 전환하는 것에 대해 확신이 없을 수 있기 때문이다. MOL의 간결하고 단순한 특성은 다른 치료와 섞이기가 특히 쉽다는 것을 의미한다. 사실, 많은 새로운 MOL 치료자들은 그들이 하던 대로 CBT를 실시하면서 이따금 MOL 질문을 사용하는 것에서 시작한다.

이런 식으로 당분간 MOL을 드물게 사용하고자 하는 사람에게 우리는 MOL을 사용하는 것이 특히 도움이 되는 때가 언제인지 알려 줄 수 있다. 우리는 몇 가지 사례를 다룰 것이다. 첫 번째 상황은 서로 갈등을 일으킬 수 있는 자기 지향적 목표를 끌어내는 MOL의 능력을 이용하며, 주제 설정, 양가성, '저항', 변화를 위한 준비를 포함한다. 두 번째 상황은 내담자의 현재 순간의 지각에 초점을 맞추는 MOL 질문의 능력에 의존하며 특이한 경험, 정서적 처리, 치료를 '맹렬히' 시작하기를 포함한다.

이상적으로, CBT에서 주제의 역할은 내담자와 치료자가 치료의 소관 내에서 그리고 치료자의 전문성 내에서 논의하고 다루어야 할 내담자에게 중요한 회기 목표에 동의한다는 것을 확실히 하는 것이다. 이는 그 과정 자체는 치료자에 의해 촉진되더라도 주제의 내용은 일반적으로 내담자에 의해 도출되어야 함을 의미한다. 하지만 이러한 이상이 도전을 받는 상황이 많다. 예를 들어, 내담자가 무엇을 말하고 싶은지 결정할 수 없다거나 치료자가 주제를 정해야 한다고 주장하는 상황, 항목이 너무 많은 상황, 혹은 항목의 우선순위를 정하기가 어려운 상황 등이 있다. 이러한 경우에 치료자가 지휘권을 가지고 내담자가 무엇을 주제로 삼을지 결정하는 것은 유혹적이다. MOL은 대안을 제시해 준다. 왜냐하면 MOL은 일단 자각이 관련된 생각과 느낌을 향하게 되면, 모든 사람이 스스로 선택할 수 있다는 원칙에 의해 진행되기 때문이다. 여기 몇 가지 예가 있다.

내담자: 논의할 게 너무 많아요, 어디서 시작해야 할지 잘 모르겠어요.

치료자의 질문 예:

- 어디서 시작해야 할지 모른다는 게 어떻게 느껴지나요?
- 그것에 대해 생각하고 있는 바로 그때 마음속에 무엇이 있나요?
- 지금 다른 것보다 더 분명한 게 있나요?
- 지금 당신의 머릿속에 얼마나 많은 것들이 있나요?

이 질문들 각각은 주제를 정할 권리를 다시 내담자에게 부드럽게 돌려주지만 내담자가 주제에 대해 더 생각하도록 돕고 보다 철저하게 하는 것이다. 마음이 의사결정에 도움이 되는 양식이 되도록 하는 것은 학습된 기술이며, 이를 통해 내담자는 회기 밖에서도 이득을 얻을 수 있다. 우리의 경험상, MOL 질문은 비록 처음에는 둘 다 예상했던 주제가 아닐지라도 실제로는 내담자의 적절한 관심사를 반영하는 한 가지 주제로 향한다.

MOL은 내담자가 어떤 방향으로 움직여야 한다는 가정을 공유하는 치료의 몇 가지 요소를 다룬다. 치료에 대한 양가성은 내담자가 치료에 와야 한다는 가정에 의해 유발된다. '저항'은 내담자가 치료자가 제시하는 개입에 참여해야 한다는 가정에 의해 유발된다. 관련된 점에서, CBT에서 변화기술이 항상 내담자에게 수용가능한 것은 아니며 변화기술은 근거, 개념화, 계획을 포함해서 준비를 필요로 한다는 점이 공통적으로 받아들여지고 있다. MOL과 PCT는 이와 똑같이 가정하지 않는다. 내담자가 치료 약속에 올지 아니면 빠질지, 해로운 습관이나 안전 행동을 계속

할지 아니면 멈출지, 혹은 노출이나 행동 실험과 같은 개입을 직
면할지 아니면 회피할지 갈등할 수 있다고 이해된다. MOL 질문
은 한 측면이 더 바람직하거나 치료적인 것으로 간주될 수 있는
지 아닌지에 대한 개방적인 논의를 촉진할 수 있다. 여기 몇 가
지 예가 있다.

> 내담자: 만약 우리가 다음 주에 이 역할 연기를 하기로 계획한다면,
> 나는 정말 나를 밀어붙여야 할 거예요.
> 치료자: 당신을 밀어붙여야만 할 것이라고 말하게 만든 것은 무엇인
> 가요?
> 당신을 어디에 밀어붙일 거라고 생각하나요?
> 실제로 그 순간에 당신을 얼마나 심하게 밀어붙이길 원하시
> 나요?
> 다음 주 역할 연기에 대해 생각할 때 당신은 무엇을 상상하
> 고 있나요?
> 다음 주 계획에 대해 말하면서 어떤 느낌이 드나요?

(가능한 질문의 범위를 예시하기 위해 이러한 수많은 예들이 제시된
다. 치료자는 이 모든 질문들을 한번에 하지는 않을 것이다.)

이러한 질문들은 내담자가 개입에 대해 양가감정을 드러내고
자신의 염려가 타당하다는 것을 증명하면서 이를 좀 더 깊이 들
여다볼 수 있도록 돕기 위한 것이다. MOL 그 자체는 정교한 기
술을 포함하지 않으며 참여와 심리적 변화가 언제 일어나야만

하는지에 대한 치료자의 기대가 타당하다고 가정하지도 않는다. 그럼에도 불구하고 MOL은 적어도 개입과 이에 대한 자신의 염려를 진정으로 이해한 내담자만이 개방적이고 투명한 방식으로 개입에 참여할 수 있도록 장을 마련해 줄 수 있다. 사실, 이런 종류의 논의 없이 내담자에게 개입을 강제하는 것은 윤리적이지 않아 보인다.

　PCT는 우리의 행동이 지각을 통제한다고 제안한다. 그리고 지각은 사적인 현상이기 때문에 우리는 다른 사람이 경험하고 있는 것을 이해하려고 애쓰는 것만 할 수 있다. 우리가 들은 것, 읽은 것 혹은 우리 자신이 경험한 것에 근거한 가정은 정확하지 않을 수 있다. 이러한 자세는 MOL 치료자가 자신이 들을 거라고 예상한 것에 대한 고정된 생각을 추구하지 않고 자유롭게 내담자에게서 일어나고 있는 것에 대해 탐구심을 가지고 물어볼 수 있도록 한다. 예를 들면, MOL 치료자는 정신증을 경험한 내담자가 기술하는 모든 생각이 '망상적'일 것이라고 예상하지 않으며 불안장애가 있는 내담자가 불안에 대해서만 괴로워할 것이라고 예상하지 않는다. 분노와 비탄과 같은 다른 기분이 지금은 더 중요할 수도 있다. MOL 질문은 내담자가 종종 심상과 은유를 사용해서 자신의 언어로 경험을 묘사하도록 돕는다. 그러므로 MOL 질문은 치료자가 일련의 질문을 열심히 할 때 그리고 내담자의 경험이 계획한 '모델'과 잘 맞지 않는 것처럼 보일 때 다른 치료적 접근 내에서 사용될 수 있다.

　현재 순간의 경험에 전념하는 MOL 질문은 지나치게 지적이고 추상적인 대화를 내담자의 살아 있는 경험에 기초한 대화로 변환시키는 능력 역시 갖추고 있다. 이것은 MOL이 전형적인 소크라테스식 질문에서 벗어날 수 있는 경우에 대한 한 가지 예이다. 예를 들면, 내담자가 눈동자를 굴리며 '나는 항상 걱정해요'라고 말한다고 가정해 보자. 이러한 진술에 대한 어떤 MOL 질문은 '걱정한다는 것이 무슨 뜻인가요?' '항상 얼마나 그렇습니까?'와 같이 다소 추상적일 수 있다. 하지만 보다 경험적인 MOL 질문은 '지금 얼마나 많이 걱정하고 있습니까?' '그렇게 큰 소리로 말하는 것이 어떻게 느껴지나요?' '그렇게 말하면서 무엇이 당신에게 눈동자를 굴리게 만드나요?'와 같은 질문을 포함할 수 있다. 이 질문들은 지나치게 추상적인 과정이라고 알려진 것, 예를 들어 걱정을 살아 있는 현재로 가져오게 만들면서 정서를 경험할 기회를 제공한다. 이는 또한 내담자가 스스로에게 '걱정하는 것은 나빠' '걱정하지 않는 것이 최선이야'와 같이 계속 되풀이되는 대답과 뻔한 말을 하기 보다는 실제로 자신의 걱정에 대해 어떻게 느끼는지를 표현하도록 돕는다. 걱정에 관한 더 깊은 느낌은 걱정을 덜 하는 이유로서 미치는 것에 대한 두려움과 이와 갈등을 일으키는, '그것이 나의 유일한 대처방법이야' '그건 내가 경험한 트라우마에 대해 생각하는 것을 멈출 수 있게 해'와 같이 더 많이 걱정하기 위한 목표를 포함한다. 일단 이러한 상위 수준의 목표에 접근하게 되면 내담자는 걱정에 대한 지적인 토론에서는 잘 일어나지 않는 방식으로 자신의 염려에 대해 더 자유롭게 말할 수 있다고 느낄 것이다.

MOL을 포함해서 모든 치료에서, 치료자는 '갇힐' 수 있다. 그들은 다음에 어떤 질문을 해야 할지 모를 수 있다. 그들은 모든 방법이 다 다루어졌고 그들이 전문성을 가지고 설명할 수 있는 문제가 더 이상 없다고 느낄 수 있다. 그러나 PCT에 따르면, 만약 내담자가 치료에 되돌아온다면 치료를 다시 찾은 것은 치료자가 갖고 있는 목표에 도움이 되어야 한다. 일들이 막힌 것처럼 보일 때 사용될 수 있는 MOL 질문의 범위는 넓다. 그들 각각은 바로 지금 내담자의 염려와 경험에 내담자의 주의를 재초점화시킨다. 여기 몇 가지 예가 있다.

- 오늘 일들에 대해 말하는 것이 어떤가요?
- 지금 당신에게 무슨 일이 일어나고 있나요?
- 우리가 오늘 아직 언급하지 않았던 것 중에 중요한 무엇인가가 있나요?

PCT에 따르면, 만약 우리가 자유롭게 말하도록 도움을 받는다면 우리의 주의는 자연스럽게 '오차'가 있는 곳으로, 다시 말해 문제가 있는 곳으로 향하고 우리의 생각과 느낌이 나타날 때 그것들을 붙잡을 것이다. 그러므로 단순하더라도 이런 종류의 질문은 대화를 단축시키거나 치료자가 선택한, 내담자와 가장 관련이 있는 것은 아닐 수도 있는 주제에 의지하기보다는 가장 관련 있는 문제들이 다루어질 기회를 만든다.

이 장은 대부분의 치료자가 새로운 이론과 치료가 좀 더 효과적일 가능성을 택하고 이미 가지고 있는 레퍼토리를 버리지 않는다는 현실감각에 의해서 안내되었다. 모든 실제에서 대부분의 임상가가 어느 정도는 '절충적'이라고 보고하며, 몇 가지 접근에서 가장 유용하다고 생각하는 요소들에 의존한다고 보고한다. 우리는 그런 절충주의가 필수적인지 아니면 더 효과적인지에 대해서 결정할 수 없다. 하지만 다행히도 MOL은 다른 치료에 포함되기에 적합하다. 이는 치료로서 MOL 그리고 지침이 되는 원칙으로서 PCT를 더 많이 채택할 시작점을 제공해 줄 것이다.

29

현재 CBT에서 통제 이론을 활용하기

통제 이론 접근은 유일한 개입으로서 MOL을 설명하고 정당화하기 위한 특정한 이론이 아니다. 이 이론은 CBT와 다른 치료에 존재하는 개입을 이해하고 향상시키는 데 사용될 수 있다. 보통 제공되는 것을 넘어서 이론적 설명에서 이득을 얻는 CBT의 요소에 대해서는 특히 그렇다. 이 장에서 우리는 PCT가 단일한 체계하에서 이러한 요소들을 어떻게 통합하려고 시도할 수 있는지를 보여 주기 위해서 이전 장에서 우리가 다루었던 현재 CBT의 몇 가지 요소를 요약할 것이다. 그것은 주제 설정, 협동적 관계, 탈중심화, 노출, 활동 계획, 행동 실험이다.

우리는 바로 이전 장에서 주제 설정에서 MOL을 이용하는 방법에 대해 논의했다. 이번 장에서 우리는 PCT에 따라서 주제가 작용하는 이유와 방법의 배후에 있는 이 이론에 대해 더 탐구할 것이다. 주제를 설정하는 것은 모든 CBT 회기의 시작에서 항상 나타난다. 하지만 주제가 왜 그렇게 중요하고 과정을 향상시킬 수 있는가? 통제 이론의 관점에서 보면, 주제는 내담자가 회기에 대해 자신의 **목표**를 분명히 하고 우선순위를 정하는 데 도움을 준다. 모든 행동이 목표 지향적이기 때문에 개인의 목표를 표현할 기회는 내담자에게 그 회기를 의미 있게 만들어 준다. 하지만 우리는 그 이론에 따라 상위 수준의 목표(예: 온전한 인간이 되는 것)가 낮은 수준의 목표(예: 더 많은 활동을 하는 것)가 어떻게 설정되는지에 영향을 미치면서 목표가 다양한 수준에서 어떻게 조직화되는지 살펴봤다. 이는 치료의 주제가 이러한 상위 목표를 다루는 것을 도울 때 더 유익할 수 있음을 의미한다. 예를 들면, 주제에서 첫 번째 항목이 '집에서 일상적인 과제들을 하도록 노력하기'일 수 있다. 치료자는 상위 수준의 목표를 확인하도록 돕기 위해 '무엇 때문에 이것이 당신에게 중요합니까?'라고 물을 수 있다. 내담자는, 예를 들어 '좋은 남편이 되기 위해'라고 대답할 수 있다. 상위 수준의 목표를 논의하는 것의 한 가지 장점은 목표를 성취하기 위해 다른 (낮은 수준의) 수단을 자유롭게 선택할 수 있도록 해 준다는 것이다. 이 예에서 치료자와 내담자는 일상적인 과제를 하는 것 외에 '좋은 남편'이 되기 위한 다른 방법(예: '아내의 걱정에 대해 잘 들어 주기')에 대해 논의할 수 있다. 아니면 그것은 이 목표를 성취하는 데 더 중요한 과제가 무엇인지 확인하는 데 도움이 될 수 있다. 물론 '좋은 남편이 되는 것'을 중요하게 만드는 더 깊은 목표가 있을 수도 있다는 것은 PCT에 중요하며, 이러한 '상위 탐색'은 내담자의 선택을 위한 기회를 더 많이 제공한다. 유사하게, 임상가가 주제에 대한 내담자의 목표가 성취가능할 것 같지 않다는 염려를 할 때가 있다. 예를 들면, 우리 임상가 중 한 명이 20년 동안 이미 진단을 받았지만 조현병이라는 진단명을 갖지 않는 것이 목표였던 내담자와 작업하는 것이 어떻게 가능할지 확신이 없었다고 슈퍼비전에서 보고한 적이 있다. 하지만 이것이 문제였던 이유를 탐색함으로써 관련된 상위 수준의 목표에 대한 인식이 분명해졌다. 이해가능하지만, 내담자는 그 진단을 원하지 않았다. 왜냐하면 그녀는 다른 사람들이 그녀에 대해 부정적인 가정을 만들 것이라고 예상했기 때문이다. 그리고 그녀는 사람들이 자신에 대해 긍정적으로 생각하기를 원했기 때문에 그런 가정을 원하지 않았다. 그리고 그녀는 다른 사람과 좋은 관계를 맺기를 원했기 때문에 이것이 필요했다. 이제 그들이 작업할 수 있는 실재하는 목표가 있는가?

통제 이론 접근은 또한 치료 관계를 효과적이게 만드는 것에 대해 이해할 수 있도록 돕는다(Carey et al., 2012; Mansell, 2012). 관계의 협동적 특성을 가장 중요시하는 것은 CBT의 흥미로운 측면이다. 하지만 왜? 사람들은 그들에게 중요한 것을 통제하는 것이 필요하다는 PCT의 원리 중 하나로 되돌아가면, 내담자는 치료 회기의 중요한 요소에 대해 통제하고 있다고 느낄 필요가 있다. 하지만 동시에 치료자 역시 어떤 질문을 할지 알기 위해 그리고 회기에서 구조의 양식을 유지하기 위해 통제할 필요가 있다. 만약 두 사람이 서로 완전히 다른 경험을 통제하고 있다면, 갈등의 여지도 별로 없지만 어느 쪽이든 연결이나 영향력 역시 별로 없다. 이와 반대로, 두 사람이 서로 동일한 경험을 통제하려고 노력한다면, 하지만 그 경험에 대해 매우 다른 기준을 가지고 있다면(예: 치료자는 '정서를 처리하기 위해' 내담자가 높은 수준의 불안을 느끼기를 바라지만, 내담자는 불안을 전혀 느끼지 않기를 원한다), 갈등이 뒤따른다. 이것은 치료자에게는 '저항'으로 나타날 것이다. 통제 이론은 사람들이 매우 유사한 내적 기준을 가지고 있을 때 서로 잘 작업할 수 있다고 말한다. 이것은 **집합적 통제**라고 알려져 있다(McClelland, 2004). 따라서 PCT 접근은 좋은 협동적 관계가 어떤 목표를 공유할 수 있는지(예: 불안이라는 느낌에 대해 이야기하기) 그리고 지금 어떤 것이 공유될 수 없는지(예: 노출하는 동안 높은 수준의 불안을 유발하기)에 대해 개방적인 논의를 할 수 있게 한다고 제안한다. 이는 '협동'으로 나타날 수 있으며, PCT를 이용해서 완전히 모델로 만들어질 수 있다. 유사한 기법을 사용하는 한 가지 예를 들기 위해, 단계를 나눈 노출의 위계를 계획할 때 뒤따르는 양방향의 논의는 어떤 목표를 더 먼저 다룰 수 있는지 그리고 이에 대해 동의하는지, 어떤 목표를 더 나중에 직면할지에 대한 이러한 논의의 산물을 나타낼 가능성이 크다. Carey 등(2012)은 치료 관계에 대해 통제 이론의 견해를 취하는 것이 가지는 임상적 함의를 좀 더 자세히 기술하고 있다.

MOL이 내담자가 함양하도록 도우려고 하는 태도는 내담자가 자신의 현재 경험을 치료자에게 분명히 말하기 위해, 하지만 치료자가 중단이라고 인식한 순간의 생각과 느낌에 대해 점점 더 많이 자각하기 위해서 충분히 통제하고 있다고 느끼는 것이다. MOL에서, 내담자가 자신이 가지고 있는 어떤 갈등되는 목표라도 집중할 수 있다면 그리고 만족스러운 해결책을 생성해 낼 수 있도록 재조직화가 일어날 만큼 충분히 오랫동안 주의를 유지할 수 있다면 유익할 것이다. 이것은 자연스러운 과정이긴 하지만, 내담자에게는 통찰, 재평가, 정신적 심상에서의 변화 그리고 관점의 변화를 알아차리는 것으로 경험될 것이다. 우리는 여기서 기술된 태도가 '탈중심화' '마음챙김' 그리고 '메타인지적 자각'으로 다양하게 기술되는 상태와 밀접한 관련이 있다고 믿는다. 따라서 다른 형태의 CBT가 이러한 상태를 함양하기 위한 훈련 과정을 이용하는데, MOL은 초기 인지치료(Beck, 1967)에서 '사고 포착'과 같은 것보다는 지속적인 질문하기를 사용한다. 하지만 PCT에서, 변화 과정, 예를 들어 목표 갈등의 재조직화는 이 광범위한 영역을 통틀어 **동일한** 과정으로 간주된다.

이상의 설명을 이어서, Carey(2011b)는 노출치료가 여기서 기술된 것과 동일한 과정을 수반하며 인간 중심 상담과 정서 중심 치료와 같은 개입도 사실 행동 및 인지치료와 동일한 변화 기제를 사용한다고 제안하였다. 그들 각각은 갈등이 되는 목표와 관련된 생각과 느낌으로 자각을 이동시키고 유지시킨다. 통제 이론의 관점은 예를 들면, 불안한 내담자가 공포를 극복하기 위해서 그들의 두려움에 접근하기를 원하는 것과 안전감을 느끼기 위해서 두려움을 회피하기를 원하는 것 사이에서 갈등을 경험하고 있다고 본다. 그러므로 모든 종류의 노출치료 동안 이러한 접근과 회피 사이의 '춤'은 내담자와 함께 논의될 수 있다. 치료자가 갈등의 '접근' 측면의 역할을 맡기보다는 내담자 안에서 두 측면을 끌어내도록 도울 수 있으며 따라서 강요보다는 강한 느낌의 협동을 유지할 수 있다.

특히 우울증에서 CBT의 공통 요소 한 가지는 활동 계획 세우기이다. PCT에서 '활동'은 위계, 즉 상위 목표를 실행하는 과정으로 이루어진 프로그램에서 낮은 수준의 목표와 관련된다. 활동은 상위 수준의 목표를 실행하고 정의하는 데 있어서 필수적이다. 예를 들면, 집안일을 하는 것, 자선 사업에 돈을 내는 것, 사람들의 말을 경청하는 것 등과 같이 자신의 지속적인 활동을 인식함으로써 도움이 되는 사람이라는 느낌을 얻을 수 있다. 따라서 PCT에 따르면, 효과적인 활동 계획 세우기는 사람들의 더 깊은 목표를 충족시키고 그들의 자기 개념에 대해 알려 주기 때문에 효과가 있다. 그것은 또한 목표가 있고 통제한다는 느낌을 제공한다. 이를 고려하면, 활동 계획 세우기는 인지적 접근의 표적, 즉 자신과 세상에 대해 보다 긍정적인 견해를 형성하고 유지하도록 돕는 것과 쉽게 연결될 수 있다. 따라서 활동 계획은 개인의 목표를 타당화하는 개념화를 위주로 만들어질 수 있다. '어떻게?' 질문은 내담자가 자신의 목표를 지지하는 활동을 창조해 내도록 돕고, '왜?' 질문은 내담자가 활동에 참여하는 데 있어 개인적으로 적절한 이유를 확인하는 데 도움이 된다.

우리는 또한 앞의 모델을 행동 실험에도 적용할 수 있다 (Mansell, 2012). 성공적인 행동 실험은 실험을 계획 세우기, 실험의 광범위한 근거와 함의에 대해 논의하기와 결합시킨다는 것이 일반적으로 받아들여진다(Bennett-Levy et al., 2004). 예를 들면,

치료자와 함께 계획을 세운 후에 사회공포를 가진 한 내담자가 처음으로 낯선 사람에게 말을 걸어 보고는 새롭게 알게 되는 사람들도 예상했던 대로 자신을 비난하지 않는다는 것을 알게 되었다. 치료자는 내담자에게 '하향 화살표 질문'을 한다. '이것이 인간으로서 당신에 대해 무엇을 의미하나요?' 내담자의 유익한 통찰은 '그건 내가 생각했던 것보다 내가 좀 더 호감이 간다는 것을 의미할 수 있어요.'가 될 수 있다. 따라서 다시 우리는 한순간의 행동은 상위 목표와 연결되어 있으며 이러한 목표에 대한 논의는 내담자가 더 넓은 상황으로 '일반화'하는 것을 돕는다는 것을 알 수 있다(Mansell, 2011). 여기서 어의적 요점에 주목할 필요가 있다. CBT에서 '하향 화살표 질문'과 MOL에서 '상위 수준을 탐색하기'는 실제로는 서로 같은 방향에 있다. 왜냐하면 둘 다 더 깊은 목표와 구성개념을 향하는 경향이 있기 때문이다.

왜 구체적인 기법이 항상 효과적인 것은 아닌지 그 이유를 설명하는 데 도움이 되는 PCT의 한 가지 핵심 특징에 주목하는 것이 중요하다. 행동 계획 세우기나 행동 실험에서 가장 공통적인 장애물 중 하나는 갈등일 것이다. 예를 들면, 집을 떠나는 것에 대해 두려워하는 한 내담자가 밖에서 더 멀리 산책하는 것을 시작하는 것에 동의했지만 동시에 그렇게 하는 것의 결과를 두려워하고 집으로 돌아가고 싶어 할 수 있다. 그렇다면 내담자는 치료 과정을 '의도적으로' 방해하고 있는 것이 아닐 수 있다. 그는 단지 갈등에 빠져 있을 수 있다. 따라서 우리가 앞에서 논의한 바와 같이, MOL 질문은 그런 일이 생길 때 이러한 갈등을 탐색하는 데 사용될 수 있으며, 이는 내담자가 자신의 마음의 눈에서 양면을 보도록 돕고 치료자가 회기 내에서 강요하는 시도를 하지 못하게 한다. MOL의 이러한 측면은 실제로 동기 강화 상담과 같이 치료에 대한 갈등을 경험하는 사람들에게 CBT를 향상시키기 위해 사용되는 치료와 손발이 척척 맞는다.

MOL의 집단 형태는 개인 MOL과 같이 이전에 기술되었던 고통과 변화의 핵심 기제에 초점을 맞추기 위해 PCT를 사용하면서 지금 시도되고 있다. 집단 촉진자는 다양한 실습을 통해 내담자가 문제의 근원에 대해 인식할 수 있도록 돕는다. 그렇게 함으로써 MOL에서처럼 재조직화가 일어날 수 있으며 통제가 회복될 수 있다. 촉진자는 또한 내담자가 자신의 상위 목표와 가치에 접촉하도록 돕는다. '통제 갖기 집단'이라고 불리는 집단은 이전 장에서 기술했던 '내담자 주도' 접근을 포함한다. 내담자들은 자신이 얼마나 많은 회기에 참여할지 그리고 연이은 주 동안 회기에 참여할지 선택할 수 있다. 촉진자는 각 회기의 주제를 미리 제공하고 내담자가 그 회기가 자신과 관련이 있는 것처럼 보이는지 결정하는 것을 허락한다.

면밀히 읽어 본 독자 중에는 집단 회기 중에 내담자가 촉진자가 회기를 통제하고 있다('임의 통제')고 지각할 위험이 있을 수 있음을 깨달을 것이다. 왜냐하면 집단 촉진자는 서로 다른 내담자의 다양한 목표에 반응해야 하기 때문이다. 그러나 촉진자가 임의 통제할 가능성을 최소화하기 위해 취해야 하는 일련의 단계들이 있으며, 그것은 집단 내내 내담자가 스스로에게 개념을 적용하고 연습할 기회를 주는 것에 중점을 두는 것, 촉진자가 이후에 무엇을 다룰지에 대해 내담자로부터 정기적으로 피드백을 얻는 것 등을 포함한다. 이는 집단 형식에 의해 부여되는 잠재적 이득에 의해 상쇄된다. 예를 들면, 집단은 참가자들이 자신의 목표와 경험이 정상적이고 다른 사람들과 공유된다는 환경적인 피드백을 얻을 수 있는 환경을 제공한다. 우리는 미래에 실제로 '통제 갖기 집단'이 어떻게 평가되고 개발되는지 보게 될 것이다.

요약하면, 우리는 PCT가 CBT에 현재 존재하는 기법들을 입증하고 조정하는 데 사용될 수 있다고 제안한다. 과학적인 관점과 실제적인 관점에서 볼 때 이 길은 전도유망하다. MOL 자체가 보편적인 치료로 고안되었으며 개인의 관심사에 맞게 유연하게 조정될 수 있다. 그러나 전체적으로 치료과정에 대한 통제이론 모델에 여전히 충실하면서 CBT의 특수한 기법이 내담자의 목표에 특히 잘 맞는 때가 있으며 MOL과 잘 섞일 수 있다. 통제 이론이 현존하는 치료의 변화 기제를 설명하는 경향성 역시 치료자가 '몸에 맞는지 입어 보기 위해' 처음으로 PCT를 접할 수 있게 한다. 그들은 지금 하고 있는 것을 조정하기 위해 통제 이론의 사상을 사용할 수도 있고 MOL 훈련을 미래의 기회로 남겨 둘 수 있다.

30

말하지 않고 하는 개입:
통제된 변인을 검증하기

MOL은 대화를 수반하지만 통제 이론은 언어의 이론이 아니다. 그것은 언어 생성의 모델을 만드는 데 사용될 수 있으며(예: Moore, 2007), 언어는 (상상 양식에서 계획하기와 같은) 어떤 '양식'의 통제에 필수적일 수 있다(Powers, 1973, 2005). 하지만 통제의 핵심은 언어화된 단어에 의존하지 않는다. 이론의 핵심 원리는 사실 여러 종족들에 걸쳐서 적용되는 것처럼 보이며, 따라서 언어화된 혹은 문자화된 언어의 영역 밖에 있다. 그것은 심지어 항상성과 같은 생물학적 과정으로도 확장된다.

어떤 종류의 언어 치료를 하더라도 통제는 언어에 의존적이지 않다는 것을 기억할 필요가 있다. 단어가 일종의 통제일 수 있으며, 우리에게 통제에 대해 이야기해 줄 수 있지만 통제되고 있는 것에 대한 정확한 그림이 아닐 수 있다. 내담자는 그들이 그 순간에 통제하고 있다고 자각하는 것만 보고할 수 있으며 삶의 다른 측면에 대해 그들이 가지고 있는 무수한 내적 기준은 보고할 수 없다. 내담자는 특정한 단어를 사용하거나 (예를 들면, 치료자로부터 안심을 구하기 위해 자신의 걱정을 강조하는 것처럼) 치료자에게 어떤 방식으로 경험을 묘사하는 이유(다른 목적)를 가지고 있을 것이다. 이것이 목소리의 어조와 같은 중단에 대해 질문하는 것이 MOL에서 유익한 이유 중 하나이다. 너무 분명하게도 내담자가 치료자에게 혹은 스스로에게 거짓말을 하고 있고 따라서 단지 그들의 경험을 있는 그대로 말하지 않을 수 있다. 그들은 문제에 대해 지금 말할 준비가 되어 있지 않기 때문에 문제가 존재한다는 것을 부인하는 것과 같은, 그렇게 하는 좋은 이유를 가지고 있을 것이다. 흥미롭게도, MOL을 받는 내담자는 종종 MOL이 '정직한' 것 같고 치료의 이러한 측면을 좋아한다고 보고한다. MOL은 개방성과 정직을 촉진하는 것 같다. 하지만 완전한 개방성과 자신의 목표에 대해 투명하게 보는 것은 보장되지 않는다.

우리는 자신의 경험을 단어로 옮기는 것을 어려워하는 사람들과 작업하기 위해 MOL을 사용하는 방법, 예를 들어 '무엇에 대해 말할지 모르는 것'에 대해 질문하는 방법에 대해 다루었다. 그러나 이것이 유용한 개입 방법을 만들어 낼 것이라고 예상하기 어려운 내담자들도 있다. 어린 아이, 언어 사용에 영향을 주는 학습장애가 있는 사람들, '선택적 무언증' 사례처럼 말하기를 주저하는 사람들이 여기에 해당한다. 여기서 PCT는 어떤 도구를 제공하는가?

인간이나 동물에서 통제의 신호는 환경적 장해에도 불구하고 원하는 범위 내에서 지각적 경험이 유지되고 있다는 것이다. 정상적으로, 우리의 행동은 이를 성취하기 위해 환경에 영향을 주기 위해 사용된다. 이를 통해 개인이 무엇을 통제하고 있는지 검사하기 위한 기법, 소위 통제 변인 검증하기(Test for the Controlled Variable: TCV)(Powers, 1973, 2005; Marken, 1980, 2009)가 개발되었다. 근본적으로, 만약 우리가 개인에 의해 통제되는 지각을 방해한다면 그 지각을 기준 상태로 회복하는 데 사용되는 행동을 보게 될 것이라고 예상할 수 있다. 만약 변인이 통제되지 않고 있다면 그는 우리의 시도를 묵인하고 그것을 회복하기 위해 행동을 사용하지 않을 것이라고 예상할 수 있다. 따라서 건강 전문가로서 우리는 내담자가 무엇을 통제할 수 있는지와 관련된 가설을 개발할 수 있으며 통제와 관련된 환경에 대해 관찰을 수행할 수 있다. 우리는 TCV를 이용해서 그것을 검증하기 위해 '약식–실험'을 개발한다. 이처럼 PCT를 개입에 적용하는 것은 아직 걸음마 단계에 있지만 그것을 예시하기 위해 몇 가지 예가 사용될 수 있다.

교실을 왔다 갔다 하면서 최악의 경우 다른 아이를 때리는, 수업에 지장을 주는 것으로 인식되는 어린아이의 예를 들어 보자. PCT 치료자의 첫 번째 행동 계획은 아이에게 말을 거는 것일 수 있지만 아이는 치료자에게 말하는 것을 거부한다. 따라서 치료자는 당분간 각각의 '교실의 방해'를 둘러싼 환경을 관찰하기 위해서 (선생님은 무엇을 하고 있는가, 다른 아이들은 무엇을 하고 있는가, 그 사건 전에 어떤 행동이 나타났는가?) 선생님에게 테이블을 사용하도록 요청했다. 임상가가 이 자료를 분석한다. 각각의 경우에 선생님이 아이에게 조용히 혼자서 작업하라고 말할 때 파괴적인 행동이 일어난다. 이는 수많은 통제 변인, 예를 들어 소음의 수준(침묵보다 큰 소음 수준으로 설정됨), 사회적 상호작용의 수준(다른 아이들과의 상호작용 수준이 혼자 있지 않는 것으로 설정됨), 작업의 수준(선생님이 바라는 것보다 낮은 수준으로 설정됨), 그리고 지시의 수준(선생님이 사용하는 스타일에서 지시되는 것보다 낮은 수준으로 설정됨)과 관련된 가설을 생성한다. 이러한 가설들은 〈표 30-1〉에 보다 자세히 나타나 있다.

〈표 30-1〉 통제 변인 검증하기가 실제로 사용되는 방법의 예

가정된 통제 변인	설명	추가 질문	검증
큰 소리	아이는 선생님이나 다른 아이가 원하는 것보다 더 큰 소리를 원한다.	교실에 잔잔한 소리가 많을 때 이 아이가 다른 아이들을 방해하는가?	침묵기간의 연장은 소리 지르기와 같이 침묵을 깨려는 시도를 야기할 것이다.
사회적 상호작용	아이가 더 많은 시간 동안 다른 사람과 상호작용하기를 원한다.	아이가 집단 과제에 참여할 때 다른 아이를 방해하는가?	혼자 있는 기간의 연장은 다른 아이 찾기와 같이 사회적 상호작용을 구하는 시도를 야기할 것이다.
작업	아이는 다른 아이들보다 더 작은 양의 작업을 하기를 원한다.	조용히 있고 작업에 참여하라고 요구하지 않았을 때 아이가 다른 아이를 방해하는가?	작업 기간의 연장은 끝나지 않았는데 끝났다고 이야기하는 것과 같이 작업에 보내는 시간을 줄이려는 시도를 야기할 것이다.
지시	아이가 지시를 따르기를 원하지 않는다.	자신이 선택한 활동에 참여하고 있을 때 다른 아이들을 방해하는가?	지시를 주면 자기 스스로 창조한 활동을 더 많이 하게 될 것이다.

  어떤 행동은 한 가지 이상의 목표를 충족시킬 수 있음을 주목하는 것이 흥미롭기도 하고 중요하다. 예를 들면, 소리를 지르는 것은 자생적이고, 침묵을 깨며, 작업하는 것으로부터 주의를 분산시킨다. 한 가지 이상의 변인이 통제되고 있는 것 역시 사실이다. 그럼에도 불구하고, TCV는 개입과 관련한 아이디어를 제공해 줄 수 있다. 예를 들면, 만약 한 아이가 사회적 상호작용의 수준만 통제하고 있다면, 집단에서 작업하는 추가적인 기회가 제공될 수 있다. 이러한 발견은 다시 PCT에서 도출된 추가적인 질문을 하는 데 기여할 수 있다. 이 아이는 학교에서 왜 그렇게 많은 사회적 상호작용을 필요로 하는가? 사회적 상호작용을 더 많이 하면 어떤 상위 목표에 도움이 될 것인가? 이러한 목표는 아이의 삶에서 어떻게 보다 전반적으로 충족되고 있는가? 이러한 질문들은 체계적인 개입을 위한 추가적인 방향을 제시해 줄 수 있다. 또 Carey와 Carey(2011)에서 몇 가지 잠정적인 가능성이 제시되었지만 우리는 PCT를 사용해서 정신건강 문제에 대한 가족과 체계적인 개입을 발전시키지는 않았다. 하지만 PCT를 사회학(예: McClelland, 2004)과 조직(예: Vancouver, 2000)에 적용하는 것은 기초를 세우는 데 있어서 전도유망하다.

  요약하면, 우리는 PCT에서 도출된 개입의 근거를 제시하고 설명하기 위해 충분히 자세하게, 이해하기 쉬운 방식으로 이론을 설명하기 위해 애써 왔다. 우리는 MOL을 다양한 문제와 내담자 집단에 대해 일대일 치료를 사용하여 변화를 촉진하기 위해 PCT를 사용하는 시도를 하고 이를 검증받은 방법으로 소개했다. 우리는 또한 현재 존재하는 치료에서 PCT와 MOL을 사용하는 방법을 제안했다. 마지막으로, 우리는 통제된 지각과 같은 행동의 비언어적 분석 그리고 통제가 어떻게 집단 혹은 체계, 맥락에서 펼쳐지는지를 포함해서 더 광범위한 개입에 PCT를 사용하는 창을 열었다. 만약 우리의 논리가 설득적이고 우리의 방법이 효과적이라고 생각하기 시작한다면, 많은 가용한 출판물과 실례를 가지고 PCT와 MOL에 대해 계속해서 알아 가길 바란다. PCT의 궁극적 목표는 정신적 삶에 대한 더 정확하고 경험적인 과학(Marken, 2009)이라는 새로운 패러다임을 확립하기 위한 과학적인 움직임이다. 이것이 이루어지는 데 몇 십년 혹은 몇 세기가 걸릴 수 있고, 연구자들과 자기 평가적인 임상가 팀의 공동작업을 통해서만 그렇게 될 것이다. 새로운 증거는 원 이론의 변화로 이어질 것이다. 하지만 방향은 분명하다. 살아 있는 것들은 목적이 있다. 그리고 이해할 수 있지만 그것은 우리들 각각 그리고 모두를 포함한다.

부록

| MOL 회기 평가 – 본인 | 부록 1 |

1. 회기의 내용을 환자가 만들어 냈는가?

① ② ③ ④ ⑤ ⑥ ⑦ ⑧ ⑨ ⑩

전혀
아니다 매우
그렇다

2. 치료자가 조언하고 제안하거나 교육하기보다는 질문하였는가?

① ② ③ ④ ⑤ ⑥ ⑦ ⑧ ⑨ ⑩

전혀
아니다 매우
그렇다

3. 치료자가 중단에 대해 질문하였는가?

① ② ③ ④ ⑤ ⑥ ⑦ ⑧ ⑨ ⑩

전혀
아니다 매우
그렇다

4. 치료자가 현재 대화 주제에 대해 자세하고 구체적인 질문을 하였는가?

① ② ③ ④ ⑤ ⑥ ⑦ ⑧ ⑨ ⑩

전혀
아니다 매우
그렇다

5. 치료자가 추측하기보다는 질문하였는가?

① ② ③ ④ ⑤ ⑥ ⑦ ⑧ ⑨ ⑩

전혀
아니다 매우
그렇다

6. 치료자가 내담자의 즉시적인 경험에 대해 질문하였는가?

① ② ③ ④ ⑤ ⑥ ⑦ ⑧ ⑨ ⑩

전혀
아니다 매우
그렇다

7. 치료자가 내담자를 이끌어 가기보다는 따라갔는가?

① ② ③ ④ ⑤ ⑥ ⑦ ⑧ ⑨ ⑩

전혀
아니다 매우
그렇다

8. 치료자는 내담자가 한 개 이상의 영역에 초점을 유지하도록 촉진하였는가?

① ② ③ ④ ⑤ ⑥ ⑦ ⑧ ⑨ ⑩

전혀
아니다 매우
그렇다

9. 회기에 대한 평가:

10. 개선과 발전을 위한 제안:

MOL 회기 평가 – 타인

1. 회기의 내용을 환자가 만들어 냈는가?

①　②　③　④　⑤　⑥　⑦　⑧　⑨　⑩

전혀
아니다　　　　　　　　　　　　　　　　　　매우
　　　　　　　　　　　　　　　　　　　　그렇다

2. 치료자가 조언하고 제안하거나 교육하기 보다는 질문하였는가?

①　②　③　④　⑤　⑥　⑦　⑧　⑨　⑩

전혀
아니다　　　　　　　　　　　　　　　　　　매우
　　　　　　　　　　　　　　　　　　　　그렇다

3. 치료자가 중단에 대해 질문하였는가?

①　②　③　④　⑤　⑥　⑦　⑧　⑨　⑩

전혀
아니다　　　　　　　　　　　　　　　　　　매우
　　　　　　　　　　　　　　　　　　　　그렇다

4. 치료자가 현재 대화 주제에 대해 자세하고 구체적인 질문을 하였는가?

①　②　③　④　⑤　⑥　⑦　⑧　⑨　⑩

전혀
아니다　　　　　　　　　　　　　　　　　　매우
　　　　　　　　　　　　　　　　　　　　그렇다

5. 치료자가 추측하기 보다는 질문하였는가?

①　②　③　④　⑤　⑥　⑦　⑧　⑨　⑩

전혀
아니다　　　　　　　　　　　　　　　　　　매우
　　　　　　　　　　　　　　　　　　　　그렇다

6. 치료자가 내담자의 즉시적인 경험에 대해 질문하였는가?

①　②　③　④　⑤　⑥　⑦　⑧　⑨　⑩

전혀
아니다　　　　　　　　　　　　　　　　　　매우
　　　　　　　　　　　　　　　　　　　　그렇다

7. 치료자가 내담자를 이끌어 가기보다는 따라갔는가?

①　②　③　④　⑤　⑥　⑦　⑧　⑨　⑩

전혀
아니다　　　　　　　　　　　　　　　　　　매우
　　　　　　　　　　　　　　　　　　　　그렇다

8. 치료자는 내담자가 한 개 이상의 영역에 초점을 유지하도록 촉진하였는가?

①　②　③　④　⑤　⑥　⑦　⑧　⑨　⑩

전혀
아니다　　　　　　　　　　　　　　　　　　매우
　　　　　　　　　　　　　　　　　　　　그렇다

9. 회기에 대한 평가:

10. 개선과 발전을 위한 제안:

MOL 회기 평가 – 행동 지표 | **부록 1**

T. A. Carey와 S. J. Tai

1. 치료자가 '오늘 무엇에 대해 이야기를 하고 싶습니까?'와 같이 무언가를 묻는다. 치료자는 내담자가 지목하는 주제를 논의한다.

2. 조언이나 제안이 없다. 내담자가 조언을 구할 때 치료자는 '지금 무엇을 해야만 할지 궁금해 하고 있나요?' '무엇 때문에 이 순간에 그 질문이 당신의 머릿속에 떠올랐을까요?' '지금 어떤 종류의 조언이 당신에게 도움이 될 것이라고 생각하시나요?'와 같은 것들을 물음으로써 계속해서 MOL을 사용한다. 진술 대 질문의 수는 약 6:1에서 8:1의 비율이다.

3. 치료자는 내담자의 말의 흐름에서 중단을 알아차리고 다음과 같이 묻는다. '지금 당신의 머릿속에 무엇이 지나갔나요?' '방금 멈추었을 때 당신은 무엇을 생각하고 있었나요?' '지금 당신이 말하고 있을 때 무엇에 대해 고개를 가로 저었나요?'

4. 치료자가 하는 질문은 수사적이기보다는 호기심 있는 것처럼 들린다. 내용뿐만 아니라 과정에 대해서도 질문한다. 'X는 몇 번이나 일어나는가?' '당신이 X라고 느끼고 있을 때 당신은 그 밖에 무엇을 알아차리는가?' '당신이 Z라고 생각하고 있을 때 Y가 일어나는가?' '그것은 얼마나 큰가?' '그것은 무슨 색인가?' '그것은 모양이 있는가?' '그것에 날카로운 게 있었는가?' 'W가 일어나기 시작할 때 당신은 어떻게 알았는가?' '당신이

Y를 느낄 때 갑자기 아니면 점진적으로 나타났는가?' '그것은 변함없는 느낌인가 아니면 변동하거나 고동치거나 아니면 다른 식으로 변하는가?'

5. 치료자는 분명하거나 단순해 보이는 질문을 하고, 일상적으로 치료자는 단어의 의미를 분명히 하고 이해했는지 확인한다. 다음과 같은 질문을 할 수 있다. "당신이 '우울'을 말할 때 그건 무엇을 의미하나요?" "당신은 방금 당신의 생각이 나쁘다고 말했어요. 당신이 말하고 있는 생각의 나쁜 측면이 무엇인가요?" "당신이 X라고 말할 때 Y와 유사한 무언가를 의미하는 것인가요?" "Z는 W와 함께 일어나나요?"

6. 치료자는 환자가 정한 주제에 대해 논의할 때 환자에게 일어난 생각과 느낌으로 환자의 주의를 돌린다. 다음과 같은 질문이 예상된다. '지금 나에게 이러한 사건에 대해 기술할 때 당신의 머릿속에 무엇이 지나가고 있습니까?' '당신이 그런 식으로 표현할 때 당신에게 무엇이 일어납니까?' '당신이 그렇게 말하는 것을 들을 때 당신은 무슨 생각을 하나요?' '당신은 지금 X와 Y를 비교하고 있나요?' '우리가 말하는 동안 당신이 피하고 싶거나 생각하고 싶지 않은 무언가가 있습니까?'

7. 치료자는 내담자가 제시하는 주제와 이슈를 탐색한다. 치료자는 또한 그 주제를 내담자가 제시한 방식으로 논의하고 내담자의 대화 속도와 같은 측면을 인정하고 거기에 맞춘다. 만약 내담자가 이미지에 대해 이야기하면, 치료자는 이미지에 대한 질문을 하고, 만약 내담자가 느낌에 대해 이야기하면 치

료자는 느낌에 대해 묻는다 등등.

8. 체계적인 질문을 통해, 치료자는 내담자가 일정한 시간 동안 특정한 주제에 초점을 유지하도록 돕는다. 예를 들면, 중단이 있더라도 치료자는 중단에 대해 단지 하나가 아니라 서너 개의 질문을 할 수 있다.

MOL 충실도 척도(MOLAS: 3판)

이름: _____ 평정자: _____

날짜: _____ 회기: _____

척도의 평정

현재 7점 척도(즉, 0~6점 리커트 척도)는 0점(치료자가 치료의 측면을 따르지 않았다)에서 6점(치료자가 매우 충실했으며 아주 기술적이었다)까지 평정한다. 따라서 이 척도는 치료 방법에 대한 충실도와 치료자의 기술 모두를 측정한다. 이 척도에서 문항의 평정을 돕기 위해 각 문항의 핵심 특징에 대한 개요를 각 부분의 상단에 제시하였다. 다양한 평정 준거에 대해 오른쪽 칸에 기술하였다. 다음의 [그림 1]에 제시된 예를 보기 바란다. 더 상세한 내용은 첨부된 매뉴얼에 제시되어 있다.

예는 유용한 지침으로서만 사용되었으면 좋겠다. 그것은 규범적인 평정 기준으로 사용되려는 의도가 없으며 오히려 기준점과 지침을 설명하는 것이다.

'핵심 특징'은 각 문항을 평정할 때 고려해야 할 중요한 측면을 기술하고 있다. 문항을 평정할 때 먼저 어떤 측면들이 존재하는지 확인해야 한다. 그러고 나서 치료자가 각 특징에 능숙한 것으로 간주될 수 있는지 고려해야 한다. 만약 치료자가 핵심 특징의 대부분을 포함하고 그것을 적절하게 사용한다면(즉, 그것을 사용할 적절한 기회를 거의 놓치지 않는다) 치료자는 매우 높은 것으로 평정되어야 한다.

[그림 1] 평정표의 예   부록 2

핵심 특징: 이것은 문항에 대한 조작적 정의의 기술이다(척도
내의 예를 보기 바랍니다).

당신이 생각하기에 치료자가 핵심 기능을 이행한 수준을 정수
와 반수를 이용해서 세로 줄에 X 표시 하라. 오른쪽의 기술적 특
징은 당신의 결정을 안내하기 위한 것이다.

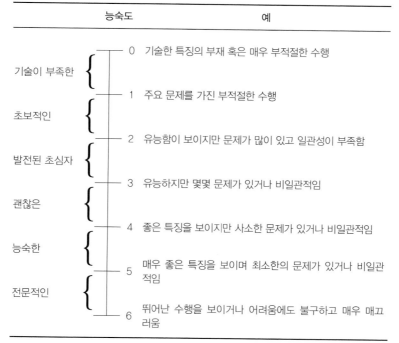

능숙도		예
	0	기술한 특징의 부재 혹은 매우 부적절한 수행
기술이 부족한		
	1	주요 문제를 가진 부적절한 수행
초보적인		
	2	유능함이 보이지만 문제가 많이 있고 일관성이 부족함
발전된 초심자		
	3	유능하지만 몇몇 문제가 있거나 비일관적임
괜찮은		
	4	좋은 특징을 보이지만 사소한 문제가 있거나 비일관적임
능숙한		
	5	매우 좋은 특징을 보이며 최소한의 문제가 있거나 비일관적임
전문적인		
	6	뛰어난 수행을 보이거나 어려움에도 불구하고 매우 매끄러움

* 이 척도는 능숙함을 표시하기 위해 Dreyfus 체계(Dreyfus, 1989)를 통합했다. 가장 상위 지표(즉, 연
속선의 '전문적인' 가까이)는 특히 어려움(즉, 매우 공격적이거나 회피적인 내담자, 정서적 방출을 많이
하는 내담자, 그리고 다양한 상황적 요인들) 앞에서 매우 효과적인 기술을 보이는 치료자를 위해 마련
했다.

이 '예'는 지침일 뿐이며 절대적인 평정 준거로 간주되어서는 안 된다.

Dreyfus, H. L.(1989). The Dreyfus model of skill acquisition. In J. Burke(ed.), *Competency based education and training*. London: Falmer Press.

이 개관과 척도는 이 문헌을 개작하고 직접 복사한 것이다.
Cognitive Therapy Scale-Revised (CTS-R).
I. M. Blackburn, I. A. James, D. L. Milne & F. K. Reichelt
Collaborators: A. Garland, C. Baker, S. H. Standart & A. Claydon
Newcastle upon Tyne, UK, 2001

문항 1 – 당면한 문제에 초점 맞추기 | **부록 2**

핵심 특징: 이는 치료자가 내담자로 하여금 회기에서 매순간 자신의 현재 문제를 아는 그대로 논의하도록 허용하는 정도를 의미한다. 이는 치료자로 하여금 현재 문제 및 그와 관련된 목표, 느낌, 생각을 추적하고, 그리고 필요하다면 내담자가 계속 민감한 방식으로 이야기하고 있는 문제의 우선순위를 다시 매기도록 도울 것을 요구한다.

이 문항을 채점할 때 이러한 특징이 고려되어야 한다.

(i) 치료자가 아니라 내담자가 문제를 선택한 정도는 얼마나 되는가?

(ii) 치료자가 문제와 그 특징을 기술되는 대로 따라간 정도는 얼마나 되는가?

(iii) 치료자가 내담자로 하여금 현재 문제의 우선순위를 계속해서 다시 매기도록 한 정도는 얼마나 되는가?

당신이 생각하기에 치료자가 이 목적을 충족시킨 수준을 세로 줄에 X 표시 하세요. 오른쪽의 기술적 특징은 당신의 결정을 안내하기 위한 것이다.

능숙도	예 주의: 예가 아닌 특징에 따라서 평정하시오.
0	문제는 항상 내담자보다는 치료자에 의해 결정된 것이었다.
1	문제는 때때로 내담자가 제시한 것이었다.
2	문제는 가끔 내담자가 제시한 것이었다.
3	문제는 종종 내담자가 제시한 것이었으나 치료자가 제시한 예도 있었다.
4	문제는 거의 항상 내담자가 제시한 것이었으나 치료자는 계속해서 문제가 변화하는 방식을 따르려고 애썼다.
5	문제는 거의 항상 내담자가 제시한 것이었으며 치료자는 계속해서 문제가 변화하는 방식을 따랐다.
6	문제는 항상 내담자가 제시한 것이었으며 치료자는 내담자가 계속해서, 민감한 방식으로 자신의 문제를 재조정하고 우선순위를 다시 매기도록 허용했다.

문항 2 – 내담자의 현재 지각에 초점 맞추기 | 부록 2

핵심 특징: 이 문항은 치료자가 내담자가 자신의 현재 경험을 그 순간에 일어나고 있는 그대로 이야기하도록 촉진한 정도를 반영한다. 여기에는 현재 생각, 느낌, 정신적 심상, 기억(바로 지금 회상되는 그대로), 그리고 내담자 자신의 목소리와 일어나고 있는 상호작용을 포함해서 환경에 대한 현재 지각이 포함된다.

이 문항을 채점할 때 이러한 특징이 고려되어야 한다.

(i) 회기가 그 당시에 적절한 양식을 통해서 현재 지각에 초점을 맞춘 정도는 얼마나 되는가?

(ii) 치료자의 질문이 내담자가 현재 경험의 과정과 특징(예: 생생함, 위치, 기간, 변화속도)에 주목하도록 도운 정도는 얼마나 되는가?

능숙도	예 주의: 예가 아닌 특징에 따라서 평정하시오.
0	모든 논의는 과거나 미래에 초점을 맞춘다.
1	가끔씩만 회기의 내용이 현재 경험에 초점을 맞춘다.
2	회기 내용 중 일부는 현재 경험에 초점을 맞춘다.
3	적어도 회기 내용의 절반은 현재 경험에 초점을 맞추지만 그렇게 할 수 있는 많은 기회를 놓친다.
4	회기 내용의 대부분은 현재 경험에 초점을 맞추지만 그렇게 할 수 있는 몇몇 좋은 기회를 놓친다.
5	회기 내용의 대부분은 현재 경험에 초점을 맞추지만 가끔씩 그렇게 할 기회를 놓친다.
6	치료자가 회기 내용의 초점을 현재 경험에 맞추기 위해 적절한 기회를 모두 이용한다.

문항 3 - 중단과 배경의 (상위 수준) 사고에 주목하기 | 부록 2

핵심 특징: 이 문항은 치료자가 중단을 알아차리거나 내담자가 상위 수준의 목표, 생각, 지각을 인식하도록 촉진한 정도를 반영한다. 중단은 미소 혹은 공포스러운 표정, 목소리 크기, 속도, 멈춤 등과 같은 변화, 제스처 같은 행동, 눈 움직임의 과정과 같은 정서 변화를 포함한다. 치료자의 해석을 제시하기 위해서라기보다는 내담자가 이를 지각하고 또 이와 관련된 목표, 생각, 느낌을 자각하도록 촉진하기 위해 이런 것들을 탐지한다. 질문하는 스타일 역시 배경 사고가 나타날 때 이에 대한 자각을 촉진하기 위해 사용될 수 있다.

이러한 특징이 고려되어야 한다.

(i) 치료자가 중단과 배경 사고의 표시를 알아차린 정도는 얼마나 되는가?

(ii) 치료자의 언급과 질문이 중단 및 중단과 관련된 생각, 느낌 혹은 목표에 대한 내담자의 자각을 촉진시킨 정도는 얼마나 되는가?

능숙도	예 주의: 예가 아닌 특징에 따라서 평정하시오.
0	치료자가 중단이나 배경 사고에 접근하려고 전혀 시도하지 않았다.
1	드물게, 치료자가 중단과 배경 사고에 대해 질문하지만 충분히 탐색되지 않았다.
2	가끔 치료자가 중단과 배경 사고에 대해 질문하고 가끔 이것이 탐색에 도움이 된다.
3	치료자가 가끔씩 중단에 대해 질문하고 배경 사고를 끌어내지만 그렇게 하는 것이 가끔 이후의 탐색을 촉진한다.
4	치료자가 가끔씩 중단에 대해 질문하고 배경 사고를 끌어내며 많은 경우에 이것이 상위 수준의 목표와 지각에 대한 이후의 탐색을 촉진한다.
5	치료자가 자주 중단에 대해 질문하고 배경 사고를 끌어내며 많은 경우에 이것이 상위 수준의 목표와 지각에 대한 이후의 탐색을 촉진한다.
6	치료자가 그렇게 하는 것이 적절하고 유용해 보일 때마다 자주 민감하게 중단에 대해 질문하고 배경 사고를 끌어내며 이것이 거의 항상 상위 수준의 목표와 지각에 대한 탐색을 가져온다.

문항 4 - 내용보다 과정에 대해 질문하기

핵심 특징: 이 문항은 치료자의 질문이 내용이 아니라 과정과 관련된 정도를 반영한다. 특히 중요한 과정에는 멈추거나 시작하는 때와 같은 지각의 시간적 특징, 빠르거나 느린 변화의 특징, 생생하거나 희미한 것 같은 지각의 특징 그리고 그것이 범주적이거나 연속적인 것과 같은 급격하거나 예리하거나 점진적 차이를 수반하는지가 포함된다. 감각, 계획을 거쳐 자기이상과 가치까지 때마다 다른 지각의 통제과정과 서로 다른 정도(통제감을 적게 느끼는 것부터 완전한 통제감을 느끼는 것까지) 역시 중요하다.

이러한 특징이 고려되어야 한다.

(i) 치료자의 질문이 내담자가 생각, 느낌, 지각의 내용에 비해 사고, 느낌, 지각의 과정을 알아차리도록 안내한 정도는 얼마나 되는가?

능숙도	예 주의: 예가 아닌 특징에 따라서 평정하시오.
0	치료자가 내용에 전적으로 초점을 맞추고 사고, 느낌, 지각의 과정에 대해 전혀 질문하지 않았다.
1	치료자가 대개 내용에 대해 질문하지만 간혹 사고, 느낌, 지각의 과정에 대해 질문한다.
2	치료자가 대개 내용에 대해 질문하지만 이따금 사고, 느낌, 지각의 과정에 대해 질문한다.
3	회기가 내용 대 과정의 측면에서 거의 같다.
4	치료자가 종종 사고, 느낌, 지각의 과정에 대해 질문하지만 이따금 내용에 초점을 맞춘다.
5	치료자가 거의 항상 사고, 느낌, 지각의 과정에 대해 질문하지만 간혹 내용에 초점을 맞춘다.
6	치료자가 사고, 느낌, 지각의 과정에 대해 질문하기에 적절한 모든 기회를 이용한다.

문항 5 – 호기심을 유지하기　　　　　　　| **부록 2**

　핵심 특징: 이 문항은 내담자가 스스로 자신의 지각과 목표를 탐색하도록 촉진하는 방식으로 치료자가 '호기심'을 가지는 전반적 태도를 반영한다.

　이러한 특징이 고려되어야 한다.

(i) 치료자가 내담자가 보고하는 것에 대해서 진심으로 호기심 있고 마음을 여는 것 같은 인상을 준 정도는 얼마나 되는가?

(ii) 치료자가 자신의 가정과 해석으로 인해 편향되지 않은 정도는 얼마나 되는가?

능숙도	예 주의: 예가 아닌 특징에 따라서 평정하시오.
0	치료자가 전혀 호기심이 없고 자주 가정하며 내담자가 말하는 것의 의미에 대해 질문하지 않는 것 같다.
1	치료자가 간혹 호기심이 있지만 대부분 가정하고 내담자가 말하는 것의 의미에 대해 거의 질문하지 않는다.
2	치료자가 이따금 호기심이 있지만 종종 가정하고 간혹 내담자가 말하는 것의 의미에 대해 질문한다.
3	치료자가 가정하는 정도와 호기심을 보이는 정도가 비슷하다.
4	치료자가 대부분의 시간 동안 호기심을 유지하지만 이따금 가정하고 내담자가 말하고 있는 것에 대해 질문하지 않는다.
5	치료자가 거의 모든 시간 동안 자연스러운 호기심을 유지하고 간혹 가정하거나 내담자가 말하고 있는 것의 의미에 대해 더 질문할 기회를 놓친다.
6	치료자가 내내 공감적인 호기심을 유지하고 모든 적절한 기회를 이용해서 내담자를 이해하려고 노력하고 내담자가 지각을 명확히 하도록 돕는다.

문항 6 - 내담자를 문제를 경험하지만 세련되고 목적을 가진 존재로서 존중하며 대하기 | 부록 2

　핵심 특징: 이 문항은 치료자가 내담자를 목표, 가치, 신념을 가진 한 개인으로 이해하고 이에 대해 존중하고 지나치게 단순화하거나 무시하지 않는 정도를 반영한다. 이 맥락에서 내담자가 기술하는 문제는 내담자가 경험하고 있는 삶의 이해가능한 결과이며 갈등이 되는 가치, 신념, 목표를 다룰 때 내재된 도전으로 간주된다.

　이러한 특징이 고려되어야 한다.

(i)　치료자가 삶의 합목적성의 가치를 인정하는 것처럼 보이는 정도

(ii)　치료자가 목표가 위계적으로 조직화되었음을 이해하는 것처럼 보이는 정도

(iii) 치료자가 내적 갈등이 문제라는 것을 인정하는 것처럼 보이는 정도

(iv) 치료자가 통제가 내담자에게 어떻게 발휘되지 못하고 있는지 인간적으로 이해하는 것처럼 보이는 정도. 이는 가정되거나 제시되기보다는 자연스럽게 나타나는 것 같다.

능숙도	예 주의: 예가 아닌 특징에 따라서 평정하시오.
0	치료자가 내담자를 영향받고, 통제되며, 조종당하는 대상으로 대한다.
1	치료자는 대부분 내담자가 요구나 조언에 따를 것으로 기대하지만 간혹 존중이나 배려를 보인다.
2	모든 것을 감안할 때 치료자가 통제하고 있지만 한걸음 물러서서 내담자가 자신의 관점을 탐색하도록 허용하는 몇몇 예를 보인다.
3	치료자가 지시적이고 몇몇 제안과 해석을 하지만 시간의 약 반 정도만 그렇다.
4	치료자가 종종 내담자의 자율성을 존중하고 내담자의 곤경에 대한 배려를 보이지만 가끔 가정하거나 조언을 제공한다.
5	치료자가 회기 내내 질문을 하는 방식으로 내담자에 대한 존중을 보인다.
6	상호작용을 통해 치료자는 내담자에 대한 존중과 연민을 보이는데 이는 치료자가 모든 수준에서 내담자가 본질적으로 자기결정적이며 목적의식을 가지고 있다고 보는 방식에서 드러난다.

치료에 대한 공통 질문　　　부록 3

당신의 문제에 대해 도움을 구할지 결정하는 것은 중요한 단계가 될 수 있다. 일단 MOL을 시작한다면, 당신은 치료에 대해 몇 가지 질문이 생길 것이다. MOL 내담자가 가져왔던 몇 가지 공통 질문과 이러한 질문에 대한 답이 다음에 제시되어 있다. MOL을 받았던 내담자의 언급을 익명으로 관련된 곳에 포함시켰다. 만약 다음에 제시되지 않은 질문이 생긴다면, 당신의 치료자에게 묻기 바란다. 치료자는 당신이 가진 어떤 질문에 대해서도 즐겁게 이야기할 것이다.

'MOL 치료로부터 나는 무엇을 기대할 수 있나요?' 당신은 당신의 어려움에 대해 이야기할 시간과 장소를 허락해 주는 치료를 예상할 수 있습니다. 매 회기마다 당신은 당신의 어려움의 어떤 측면에 대해 이야기하고 싶은지 선택할 수 있으며 당신의 치료자는 당신이 경험하고 있는 생각과 느낌에 대해 당신에게 질문할 것입니다.

'친구/배우자/친척을 회기 내에 데려올 수 있습니까?' MOL은 자신의 생각과 느낌을 탐색하도록 돕는 것입니다. 자신이 말하는 것이 가까운 누군가를 화나게 하거나 걱정시킬 수 있다는 것을 염려하지 않고 자신의 생각과 느낌에 대해 말할 수 있을 때 치료가 가장 도움이 됩니다. 따라서 당신이 누군가와 함께 온다면 그들은 당신이 치료를 받는 동안 대기실에서 기다리기를 권합니다.

 '얼마나 오랫동안 치료를 받아야 할까요?' 사람마다 필요한 치료의 양은 매우 다릅니다. 어떤 내담자는 한두 회기도 충분하지만 어떤 내담자는 더 많은 회기가 필요합니다. MOL에서 치료를 언제 시작하고 그만둘지를 결정하는 것은 바로 당신, 내담자입니다. 서비스마다 이용가능한 회기의 수에 제한이 있을 수 있지만, 당신의 치료자는 당신이 얼마나 많은 회기에 참여해야 하는지 말해 주지 않을 것입니다.

 '치료자는 내 문제를 해결하는 방법에 대해 조언을 해 줄까요?' 문제에 대한 해결책이 MOL의 초점이긴 하지만 당신의 치료자는 당신에게 조언을 해 주거나 해결책이 무엇인지 제안하지 않을 것입니다. MOL은 당신의 삶에서 긍정적인 변화를 가져올 최고의 사람은 바로 당신이며 문제에 대한 적절한 해결책이 발견될 때를 말해 줄 수 있는 유일한 사람은 바로 당신이라는 가정에 근거하고 있습니다. 회기 중에 당신은 이에 대해 치료자와 말할 기회를 가질 것이며 치료자는 당신의 문제를 다른 방식으로 살펴보도록 당신을 돕기 위해 질문을 할 것입니다. 이러한 질문을 통해 당신은 새로운 관점과 이해를 발전시킬 수 있을 것이며 여기에 당신의 문제에 대한 해결책이 담겨 있을 것입니다.

 한 내담자가 다음과 같이 말했습니다. '내가 생각하기에 유용했던 것은 당신이 내가 무엇을 해야 하는지 말하지 않고 있다는 것입니다. 그래서 나는 내가 실제로 나 자신을 더 낮게 만들고 있는 것처럼 느낍니다. 나는 내가 일에 대해 생각하는 방식을 변화시키고 있습니다. 하지만 나는 이걸 스스로 할 수 있습니다. 당신이 나에게 어떻게 하라고 이야기했기 때문에 하고 있는 것이 아닙니다. 내 스스로 생각을 정리하고 있다는 것을 알고 있기 때문에 그건 나를 더 강하다고 느끼게 만듭니다.'

'치료의 단계마다 나는 어떻게 느낄까요?' 어떤 내담자는 치료에 대해 단계마다 서로 다른 느낌을 갖는다고 보고합니다. 처음 몇 회기 동안 어떤 사람은 자신의 문제에 대해 어떤 조언도 받지 못했다는 사실에 고심하고 화가 나는 일들에 대해 말하기 어렵다는 것을 발견합니다. 하지만 치료가 계속되면서 그들은 어떤 조언도 받지 못했음에도 진전되고 있는 것처럼 느끼게 되고 더 긍정적으로 느끼기 시작합니다.

한 내담자가 다음과 같이 말했습니다. "MOL을 이해하는 데 시간이 좀 필요했지만, 몇 회기를 한 후에 나는 치료가 무엇인지에 대해 의문을 갖기 시작했습니다. 왜냐하면 어떤 대답도 얻지 못하고 있다고 느꼈기 때문입니다. 하지만 이제 나는 내가 원하는 모든 방식으로 말할 수 있는 것은 나라는 것을 이해하기 시작했으며, 당신이 나에게 어떤 대답도 주지 않을지라도 당신은 거기 앉아서 나에게 꼭 맞는 것을 이야기했고 나는 스스로 답을 얻을 수 있었습니다."

'나는 어떤 종류의 질문을 받게 되고 왜 그런가요?' 당신은 회기 중에 생각과 느낌을 경험할 때 그것에 대해 질문을 받게 될 것입니다. 이러한 질문의 목적은 당신이 이전에 생각해 보지 못한 방식으로 당신의 문제에 대해 말하고 생각할 기회를 제공하기 위한 것입니다.

한 내담자가 다음과 같이 말했습니다. "치료는 훌륭했습니다. 치료는 나를 많이 도와주었으며, 내가 이전에 결코 해 보지 못한 일들에 대해 다른 방식으로 생각하도록 만들었습니다. 실제로 내 생각을 생각해 볼 수 있었던 것은 대단합니다."

'나는 내 문제에 대해 치료자에게 말하는 것이 당황스럽고/부끄럽고/죄책감을 느끼고/걱정됩니다. 치료에서 유익을 얻기 위해서는 모든 것을 치료자에게 말해야만 하나요?' 당신이 원하지 않으면 모든 것에 대해 말할 필요가 없습니다. 하지만 치료자에게 세부사항을 모두 알려 주지 않고 무언가에 대해 말하고 싶을 수 있습니다. 이것은 아주 좋습니다. 당신은 문제에 이름을 붙일 필요도 없습니다. 당신은 그것에 '풋사과'와 같은 코드명을 붙일 수 있으며 단지 '풋사과'와 관련된 당신의 생각과 느낌에 대해 말할 수 있습니다. 치료는 당신이 현재 경험하고 있는 생각과 느낌 뒤의 이야기보다는 생각과 느낌에 더 많이 초점을 맞춥니다.

'나는 치료자의 질문에 답해야만 하나요?' 당신은 원하지 않으면 혹은 할 대답이 없는 것처럼 느껴진다면 치료자의 질문에 답을 할 필요가 없습니다. 그런 경우 치료자는 답을 모르는 것 혹은 질문에 답하고 싶지 않은 것에 대해 당신이 어떻게 느끼는지를 탐색할 것입니다. 하지만 당신은 할 수 없거나 원하지 않는 어떤 것에 대해서도 답을 하도록 강요받지 않을 것입니다.

'**치료자가 내 목소리 어조, 얼굴 표정, 혹은 신체 언어와 같은 것에 대해 나에게 질문하는 이유는 무엇인가요?**' MOL은 당신이 말하고 있는 것뿐만 아니라 당신이 말하고 있는 동안 가질 수 있는 작은 배경 사고에도 관심을 가집니다. 종종 이러한 생각이 당신이 당신의 문제를 어떻게 보는지와 관련해서 매우 중요할 수도 있습니다. 보통 우리가 이러한 작은 배경 사고를 가지게 될 때 얼굴이나 신체는 우리에게 알려 줍니다. 우리는 멈추고 눈길을 돌리고 미소 짓고 목소리 어조를 바꾸는 등등을 합니다. 그래서 만약 치료자가 이런 것 중 어떤 것에 대해서라도 당신에게 묻는다면 단지 당신이 그 순간에 어떤 생각을 하고 있는지, 그렇다면 그 생각은 무엇인지 살펴보려고 하는 것입니다.

한 내담자가 다음과 같이 말했습니다. "나는 당신이 그것을 어떻게 알아차리는지 모르겠지만 당신은 나에게 맞는 것을 말하는 것 같아요. 그리고 당신은 내가 말하는 동안 가졌던 나의 신체 언어와 반응 혹은 신호를 알아차립니다. 이것은 나에게 매우 중요합니다. 왜냐하면 그것은 내가 나의 생각에 대해 내 머릿속에, 마음속에 있는 그대로 말할 수 있다는 것을 의미합니다. 당신이 나에게 내가 왜 제스처를 취하는지 혹은 어떤 방식으로 보는지 그 이유를 물었을 때 그로 인해 나는 내가

무엇을 하고 있는지 깨달을 수 있었고 그러고 나서 내가 그것에 대해 생각할 때 그것을 이해했습니다.'

'치료 회기를 마칠 때 나는 어떤 느낌이 들까요?' 당신은 회기 후에 복잡한 감정이 들 수 있습니다. 어떤 내담자는 중요한 일에 대해 이야기하고 좀 더 유용한 방식으로 그 일을 볼 수 있게 되었기 때문에 기분이 좋다고 보고합니다. 하지만 다른 내담자는 어려움에 대해 이야기하는 것이 불편할 수 있습니다. 치료 회기 후에 약간 정서적이라고 느끼는 것은 정상적입니다. 왜냐하면 당신의 어려움을 다루는 것은 도전이 되는 일일 수 있기 때문입니다. 어떤 내담자는 일들에 대해 약간 혼란스러운 느낌이 들고 어떤 내담자는 사려 깊고 반성적인 마음 상태를 보고하기도 합니다.

한 내담자가 다음과 같이 말했습니다. "나는 치료에서 많은 것을 얻었습니다. 대개 나는 내가 도착했을 때보다 더 나은 기분으로 회기를 마칩니다. 하지만 몇 번 거기 도착했을 때보다 기분이 더 나쁜 채로 떠날 때 그것은 나에게 역효과를 냅니다."

'회기가 얼마나 오래 지속되고 얼마나 자주 와야 합니까?' 첫 회기는 보통 한 시간 정도 진행될 것입니다. 이 시간 중 일부는 질문지를 기입하는 데 들어갈 수 있습니다. 이후 회기는 약 45분 진행될 것입니다. 만약 당신이 원한다면 이는 더 짧아질 수 있습니다. 다른 내담자가 예약되어 있지 않은 시간이 있다면 당신이 원하는 만큼 자주 치료에 올 수 있습니다. 당신은 당신에게 가장 잘 맞는 것이라면 1주에 한 번, 2주에 한 번, 한 달에 한 번 혹은 1주일에 한 번보다 더 많이 올지 선택할 수 있습니다.

 '치료에 올 때 왜 질문지를 기입해야만 합니까?' 몇몇 질문지는 치료자가 당신이 어떻게 느끼고 있는지 관찰할 수 있도록 해 줍니다. 예를 들면, 지난 몇 주 동안 불안이나 우울감을 느꼈는지 질문할 수 있습니다. 다른 질문지는 MOL 치료가 어떤 연구의 일부로 제공되고 그 질문지가 이 연구의 중요한 일부일 때 필요합니다.

 '치료자는 왜 내가 말하고 있을 때 중단시키나요?' 당신의 치료자는 당신이 방금 말한 것에 관심을 가지고 있고 그것에 대해 더 많이 알고자 하기 때문에 당신이 말하고 있을 때 당신을 중단시킬 수 있습니다. 또한 치료자는 앞에서 언급된 배경 사고에 대해 알고 싶을 수도 있고 종종 배경 사고에 대해 알아내는 적기는 그것들이 실제로 당신의 마음속에 있을 때입니다. 만약 치료자가 당신이 말하고 있는 것을 끝낼 때까지 기다린다면 당신은 불과 몇 초 전에 가졌던 배경 사고를 기억해 내지 못할 수도 있습니다.

 앞에서 언급한 것처럼, 이러한 질문은 이전에 MOL 내담자들이 했던 질문 중 몇 가지에 불과합니다. 우리는 이러한 정보가 당신이 치료에서 무엇을 기대할 수 있는지에 대해 당신에게 알려 주기를 희망합니다. 하지만 여기서 다루어지지 않은 추가적인 질문이 있거나 의미에 대해 좀 더 자세한 설명을 원한다면 당신의 치료자에게 이야기하기를 바랍니다. 치료자는 기꺼이 당신과 함께 이야기할 것입니다.

—

더 읽을거리

아래의 책, 논문, 웹사이트가 이 책의 내용을 가장 잘 보충해 줄 것이다.

Carey, T. A. (2006). *Method of Levels: How to Do Psychotherapy without Getting in the Way*. Hayward, CA: Living Control Systems Publishing. Available at http://tinyurl.com/MethodOfLevels

Carey, T. A. (2008). *Hold That Thought: Two Steps to Effective Counseling and Psychotherapy with the Method of Levels*. Chapel Hill, NC: Newview Publications.

Higginson, S., Mansell, W., & Wood, A. M. (2011). An integrative mechanistic account of psychological distress, therapeutic change and recovery: the Perceptual Control Theory Approach. *Clinical Psychology Review, 31*, 249–259.

Special Issue of *The Cognitive Behaviour Therapist* on Control Theory. (2009). Volume 2, Issue 3.

http://www.PCTWeb.org. 이 웹사이트는 PCT에 대한 연구와 적용에 대해 소개하고 링크를 제공한다.

http://www.youtube.com/user/InsightCBT. 이 유튜브 채널은 MOL을 소개하고 설명하는 다양한 비디오를 제공한다.

—

참고문헌

Aldao, A., & Nolen-Hoeksema, S. (2010). Specificity of cognitive emotion regulation strategies: A transdiagnostic examination. *Behaviour Research and Therapy, 48,* 974-983.

Barkham, M., Rees, A., Stiles, W. B., Shapiro, D. A., Hardy, G. E., & Reynolds, S. (1996). Dose-effect relations in time-limited psychotherapy for depression. *Journal of Consulting and Clinical Psychology, 64,* 927-935.

Barkham, M., Connell, J., Stiles, W. B., Miles, J. N. V., Margison, J., Evans, C., & Mellor-Clark, J. (2006). Dose-effect relations and responsive regulation of treatment duration: The good enough level. *Journal of Consulting and Clinical Psychology, 74,* 160-167.

Beck, A. T. (1967). *Depression: clinical, experimental and theoretical aspects.* New York: Harper and Row.

Bennett-Levy, J., Butler, G., Fennell, M., Hackmann, A., Mueller, M., & Westbrook, D. (Eds.) (2004). *Oxford guide to behavioural experiments in cognitive therapy.* Oxford: Oxford University Press.

Bird, T., Mansell, W., & Tai, S. J. (2009). Method of Levels: initial steps in assessing adherence and the development of a qualitative framework for mapping clients' control hierarchies. *The Cognitive Behaviour Therapist, 2,* 145-166.

Bird, T., Mansell, W., Dickens, C., & Tai, S. J. (2012). Is there a core process across depression and anxiety? *Cognitive Therapy and Research.*

Bourbon, W. T. (1995). Perceptual control theory. In H. L. Roitblat & J-A. Meyer (Eds.), *Comparative approaches to cognitive science* (pp. 151-172). Cambridge, MA: MIT Press.

Bourbon, W. T., & Powers, W. T. (1999). Models and their worlds. *International Journal of Human-Computer Studies, 50,* 445-461.

Bowlby, J. (1969). *Attachment.* London: Hogarth.

Brown, T. A., Anthony, M. M., & Barlow, D. H. (1992). Psychometric properties of the Penn state worry questionnaire in a clinical anxiety disorders sample. *Behaviour Research and Therapy, 30,* 33-37.

Carey, T. A. (2006). *Method of Levels: How to Do Psychotherapy without Getting in the Way.* Hayward, CA: Living Control Systems Publishing.

Carey, T. A. (2008). Perceptual control theory and the Method of Levels: Further contributions to a transdiagnostic perspective. *International Journal of Cognitive Therapy, 1,* 237-255.

Carey, T. A. (2010). Will you follow while they lead? Introducing a patientled approach to low intensity CBT interventions. In J. Bennett-Levy *et al.* (Eds.), *Oxford guide to low intensity CBT interventions* (pp. 331-338). Oxford: Oxford University Press.

Carey, T. A. (2011a). As you like it: Adopting a patient-led approach to the issue of treatment length. *Journal of Public Mental Health, 10,* 6-16.

Carey, T. A. (2011b). Exposure and reorganization: The what and how of effective psychotherapy. *Clinical Psychology Review, 31,* 236-248.

Carey, T. A., & Carey, M. (2001). *RTP intervention processes.* Brisbane, QLD: Andrew Thomson.

Carey, T. A., & Mansell, W. (2009). Show us a behaviour without a cognition and we'll show you a rock rolling down a hill. *The Cognitive Behaviour Therapist, 2,* 123-133.

Carey, T. A., Carey, M., Stalker, K., Mullan, R. J., Murray, L. K., & Spratt, M. B. (2007). Psychological change from the inside looking out: A qualitative investigation. *Counselling and Psychotherapy Research, 37,* 311-324.

Carey, T. A., Kelly, R. E., Mansell, W., & Tai, S. J. (2012). What's therapeutic about the therapeutic relationship? A hypothesis for practice informed by Perceptual Control Theory. *The Cognitive*

Behaviour Therapist, 5(2-3), 47-59. doi: http://dx.doi.
org/10.1017/ S1754470X12000037 published online 8th May 2012.

Corcoran, R., Rowse, G., Moore, R., Blackwood, N., Kinderman,
P., Howard, R., Cummins, S., & Bentall, R. P. (2008). A
transdiagnostic investigation of 'theory of mind' and 'jumping to
conclusions' in patients with persecutory delusions. *Psychological
Medicine, 38*, 1577-1583.

Ehring, T., & Watkins, E. R. (2008). Repetitive negative thinking as a
transdiagnostic process. *International Journal of Cognitive Therapy,
1*, 192-205.

Field, A. P., & Cartwright-Hatton, S. (2008). Shared and unique cognitive
factors in social anxiety. *International Journal of Cognitive Therapy,
1*, 206-222.

Freud, S. (1930). *Civilisation and its discontents* (J. Riviere, Trans.).
London: Hogarth.

Gianakis, M., & Carey, T. A. (2011). An interview study investigating
experiences of psychological change without psychotherapy.
Psychology and Psychotherapy: Theory, Research and Practice, 84,
442-457.

Harvey, A., Watkins, E. R., Mansell, W., & Shafran, R. (2004). *Cognitive
Behavioural Processes Across Psychological Disorders: A
Transdiagnostic Approach to Research and Treatment*. Oxford:
Oxford University Press.

Hayes, A. M., Laurenceau, J-P., Feldman, G., Strauss, J. L., &
Cardaciotto, L. (2007). Change is not always linear: The study of
nonlinear and discontinuous patterns of change in psychotherapy.
Clinical Psychology Review, 27, 715-723.

Hayes, S. C., Wilson, K. G., Strosahl, K., Gifford, E. V., & Follette, V.
M. (1996). Experiential avoidance and behavioral disorders: A
functional dimensional approach to diagnosis and treatment.
Journal of Consulting and Clinical Psychology, 64, 1152-1168.

Higginson, S., & Mansell, W. (2008). What is the mechanism of
psychological change? A qualitative analysis of six individuals
who experienced personal change and recovery. *Psychology and*

Psychotherapy: Theory, Research & Practice, 81, 309-328.

Higginson, S., Mansell, W., & Wood, A. M. (2011). An integrative mechanistic account of psychological distress, therapeutic change and recovery: the Perceptual Control Theory Approach. *Clinical Psychology Review, 31,* 249-259.

Howard, K. I., Kopta, S. M., Krause, M. S., & Orlinsky, D. E. (1986). The dose-effect relationship in psychotherapy. *American Psychologist, 41,* 159-164.

James, W. (1890). *The Principles of Psychology.* New York: Dover.

Kelly, G. A. (1955). *The Psychology of Personal Constructs.* New York: Norton.

Kelly, R. E., Lansbergen, M. L., Wade, M., Mansell, W., Carey, T., & Tai, S. J. (2012). *Client readiness as a predictor of session by session therapeutic change: Is it important and how do we enhance it?* (Paper submitted for publication).

McClelland, K. (2004). The collective control of perceptions: constructing order from conflict. *International Journal of Human-Computer Studies, 60,* 65-99.

McLeod, B. D., Wood, J. J., & Weisz, J. R. (2007). Examining the association between parenting and childhood anxiety: A meta-analysis. *Clinical Psychology Review, 27,* 155-172.

McManus, F., Shafran, R., & Cooper, Z. (2010). What does a 'transdiagnostic' approach have to offer the treatment of anxiety disorders? *British Journal of Clinical Psychology, 49,* 491-505.

Mansell, W. (2005). Control theory and psychopathology: An integrative approach. *Psychology and Psychotherapy: Theory, Research and Practice, 78,* 141-178.

Mansell, W. (2008). The Seven Cs of CBT: A consideration of the future challenges for cognitive behavioural therapy. *Behavioural and Cognitive Psychotherapy, 36,* 641-649.

Mansell, W. (2009). Perceptual Control Theory as an integrative framework and Method of Levels as a cognitive therapy: What are the pros and cons? *The Cognitive Behaviour Therapist, 2,* 178-196.

Mansell, W. (2011). Editorial: Core processes of psychopathology and recovery: "Does the Dodo Bird Effect have wings?" *Clinical Psychology Review, 31,* 189–192.

Mansell, W. (2012). The transdiagnostic approach. In W. Dryden (Ed.), *CBT Approaches to Counselling and Psychotherapy.* London: Sage.

Mansell, W., & Carey, T. A. (2009). A century of psychology and psychotherapy: Is an understanding of 'control' the missing link between theory, research, and practice? *Psychology and Psychotherapy: Theory, Research and Practice, 82,* 337–353.

Mansell, W., Harvey, A., Watkins, E. R., & Shafran, R. (2009). Conceptual foundations of the transdiagnostic approach. *Journal of Cognitive Psychotherapy, 23,* 6–19.

Marken, R. S. (1980). The cause of control movements in a tracking task. *Perceptual and Motor Skills, 51,* 755–758.

Marken, R. S. (2009). You say you had a revolution: Methodological foundations of closed-loop psychology. *Review of General Psychology, 13,* 137–145.

Miller, S. D., Hubble, M., & Duncan, B. (2008). Supershrinks: What is the secret of their success? *Psychotherapy in Australia, 14*(4), 14–22.

Moore, R. (2007). PRESENCE: A Human-Inspired Architecture for Speech-Based Human Machine Interaction. *IEEE Transactions on Computers, 56,* 1176–1187.

Nilsson, R. (2001). *Safety Margins in the Driver.* Acta Univ. Ups., Comprehensive Summaries of Uppsala Dissertations from the Faculty of Social Sciences 106. Uppsala.

Patel, T. (2010). *The Development of a Scale to Measure Cognitive Behavioural Processes Across a Range of Psychological Disorders.* University of East London: Unpublished Doctoral Thesis.

Pellis, S., & Bell, H. (2011). Closing the circle between perceptions and behavior: A cybernetic view of behavior and its consequences for studying motivation and development. *Developmental Cognitive Neuroscience, 1,* 404–413.

Plooij, F. X., & van de Rijt-Plooij, H. H. C. (1990). Developmental transitions as successive reorganizations of a control hierarchy.

American Behavioral Scientist, 34, 67–80.

Powers, W. T. (1973, 2005). *Behavior: The control of perception.* New Canaan, CT: Benchmark Publications.

Powers, W. T. (1998). *Making Sense of Behaviour: The Meaning of Control.* Montclair, NJ: Benchmark Publications.

Powers, W. T. (2008). *Living Control Systems III: The Fact of Control.* New Canaan, CT: Benchmark Publications.

Powers, W. T., Clark, R. K., & McFarland, R. L. (1960a). A general feedback theory of human behaviour. Part I. *Perceptual and Motor Skills, 11,* 71–88.

Powers, W. T., Clark, R. K., & McFarland, R. L. (1960b). A general feedback theory of human behaviour. Part II. *Perceptual and Motor Skills, 11,* 309–323.

Rollnick, S., & Miller, W. R. (1995). What is motivational interviewing? *Behavioural and Cognitive Psychotherapy, 23,* 325–334.

Schauman, O., & Mansell, W. (in press). Processes underlying ambivalence in help-seeking: The Loss of Valued Control Model. *Clinical Psychology: Science and Practice.*

Schwannauer, M. (2007). *Cognitive, interpersonal and psychological factors influencing vulnerability, treatment outcome and relapse in bipolar affective disorders.* Edinburgh: University of Edinburgh.

Stiles, W. B., Barkham, M. B., Connell, J., & Mellor-Clark, J. (2008). Responsive regulation of treatment duration in routine practice in United Kingdom primary care settings: replication in a larger sample. *Journal of Consulting and Clinical Psychology, 76,* 298–305.

Stott, R., Mansell, W., Salkovskis, P. M., Lavender, A., & Cartwright-Hatton, S. (2010). *The Oxford Guide to Metaphors in CBT: Building Cognitive Bridges.* Oxford: Oxford University Press.

Vancouver, J. B. (2000). Self-regulation in Industrial/Organizational Psychology: A tale of two paradigms. In M. Boekaerts, P. R. Pintrich & M. Zeidner (Eds.), *Handbook of Self-Regulation* (pp. 303–341). San Diego, CA: Academic Press.

Wells, A. (2000). *Emotional Disorders and Metacognition: Innovative*

Cognitive Therapy. Chichester: Wiley.

Wiener, N. (1948). *Cybernetics: Control and communication in the animal and the machine.* Cambridge, MA: MIT Press.

찾아보기

▌내 용▌

—
저자 소개

워런 맨셀(Warren Mansell)

심리학 부교수이자 공인 인지행동치료자, 임상심리학자이다. 인지행동치료에 대해 100편 이상의 출판물을 저술하였으며, 자격 취득 후 10년 동안 임상심리학 분야에 기여한 공로에 대해 2011년 영국심리학회로부터 May Davidson Award를 수상하였다.

티모시 A. 캐리(Timothy A. Carey)

호주 앨리스 스프링스의 원격 보건 센터에서 정신건강 부교수로 재직 중이다. 10년 이상 다양한 장면에서 MOL을 활용해 오고 있으며, 이와 관련된 연구와 출판을 활발하게 진행하고 있다.

사라 J. 타이(Sara J. Tai)

맨체스터 대학교 임상심리학 부교수이자 공인 임상심리학자, 인지행동치료자이다. MOL을 포함하여 인지행동치료에 대한 유능한 연구자, 치료자, 교육자, 지도감독자이다.

—
역자 소개

정지현(Jung, Ji-hyun)

서울대학교 심리학과 석사 · 박사(임상 · 상담 심리학 전공)
전 한국임상심리학회 제2편집이사
현 서울불교대학원대학교 상담심리학과 조교수
　　임상심리전문가(한국임상심리학회)
　　상담심리사 1급(한국상담심리학회)
　　정신보건임상심리사 1급(보건복지부)

12 인지행동치료 스펙트럼 시리즈 COGNITIVE BEHAVIOR THERAPIES

수준체계치료
A Transdiagnostic Approach to CBT using Method of Levels Therapy ———

2021년 1월 5일 1판 1쇄 인쇄
2021년 1월 10일 1판 1쇄 발행

지은이 • Warren Mansell · Timothy A. Carey · Sara J. Tai
옮긴이 • 정지현
펴낸이 • 김진환
펴낸곳 • ㈜ 학지사

　　　　　04031 서울특별시 마포구 양화로 15길 20 마인드월드빌딩
대표전화 • 02)330-5114　　팩스 • 02)324-2345
등록번호 • 제313-2006-000265호

홈페이지 • http://www.hakjisa.co.kr
페이스북 • https://www.facebook.com/hakjisabook

ISBN 978-89-997-2243-1 93180

정가 13,000원

역자와의 협약으로 인지는 생략합니다.
파본은 구입처에서 교환해 드립니다.

이 도서의 국립중앙도서관 출판시도서목록(CIP)은 서지정보유통지
원시스템 홈페이지(http://seoji.nl.go.kr)와 국가자료공동목록시스템
(http://www.nl.go.kr/kolisnet)에서 이용하실 수 있습니다.
(CIP 제어번호: CIP2020047495)

출판 · 교육 · 미디어기업 학지사

간호보건의학출판 **학지사메디컬** www.hakjisamd.co.kr
심리검사연구소 **인싸이트** www.inpsyt.co.kr
학술논문서비스 **뉴논문** www.newnonmun.com
원격교육연수원 **카운피아** www.counpia.com